Die Brüsseler Vorentwürfe zu internationalen Übereinkommen über die beschränkte Haftung der Schiffseigentümer und über die Schiffshypotheken und Schiffsprivilegien.

Mit erläuternden Bemerkungen.

Auf Veranlassung des Reichs-Justizamts.

BERLIN 1911.
J. Guttentag, Verlagsbuchhandlung,
G. m. b. H.

Für die aus dem Seehandel sich ergebenden privatrechtlichen Beziehungen sind gegenwärtig lediglich die Gesetze der einzelnen Nationen maßgebend. Da der Seeverkehr seiner Natur nach nicht an politische Grenzen gebunden ist, so ergibt sich von selbst, daß die Verschiedenheiten, die zwischen den in den einzelnen Ländern geltenden Vorschriften bestehen, vielfach zu Unzuträglichkeiten führen müssen. Seit langer Zeit sind daher Bestrebungen nach einer Vereinheitlichung des Rechtes hervorgetreten, insbesondere hat es sich der internationale Seerechtsverein in Brüssel mit Unterstützung der ihm zur Seite stehenden nationalen Zweigvereine zur Aufgabe gemacht, auf die Aufstellung einheitlicher Normen hinzuwirken. Nachdem der Verein Vorentwürfe zu internationalen Uebereinkommen über den Zusammenstoß von Schiffen sowie über die Hilfsleistung und Bergung in Seenot ausgearbeitet hatte, traten im Jahre 1905 auf Einladung der Königlich Belgischen Regierung Vertreter der Regierungen fast aller am Seeverkehr beteiligten Staaten in Brüssel zusammen, um auf der Grundlage dieser Vorentwürfe internationale Vereinbarungen vorzubereiten. Die Verhandlungen wurden in den Jahren 1909 und 1910 weitergeführt und hatten das Ergebnis, daß am 23. September 1910 die Bevollmächtigten von Deutschland, Argentinien, Belgien, Brasilien, Chile, Dänemark, Frankreich, Griechenland, Groß-Britannien, Italien, Japan, Kuba, Mexiko, den Niederlanden, Nikaragua, Norwegen, Österreich, Ungarn, Portugal, Rumänien, Rußland, Schweden, Spanien, den Vereinigten Staaten von Amerika und Uruguay, unter Vorbehalt der Ratifikation, zwei Verträge zur einheitlichen Feststellung von Regeln über den Zusammenstoß von Schiffen und über die Hilfsleistung und Bergung in Seenot unterzeichneten.

Der internationale Seerechtsverein hatte inzwischen seine auf die Vereinheitlichung des Seerechts gerichteten Arbeiten fortgesetzt. Im Jahre 1907 wurden auf der Tagung in Venedig Vorentwürfe über die Beschränkung der Haftung des Reeders und über die Schiffshypotheken und Schiffsprivilegien aufgestellt. Auch diese Entwürfe wurden auf Anregung der Königlich Belgischen Regierung auf den beiden Brüsseler Konferenzen von 1909 und 1910 zum Gegenstande der Beratung gemacht.

Um die Stellungnahme der Deutschen Regierung zu den letzteren Entwürfen vorzubereiten, hatte das Reichs-Justizamt im Jahre 1909 eine Kommission von Sachverständigen berufen, der neben einigen mit dem Seerechte besonders vertrauten Juristen Vertreter aus den Kreisen der Reedereien, der Ladungsinteressenten, der Versicherungsgesellschaften und der Dispacheure angehörten. Auf Grund des Ergebnisses der Beratung und unter Benutzung der Kritiken, welche zu den Venediger Entwürfen veröffentlicht worden sind,[1]) wurden deutscherseits Gegenvorschläge ausgearbeitet, die sich in weitergehendem Maße als jene Entwürfe an die Vorschriften des deutschen Handelsgesetzbuchs anschlossen. Zu Delegierten wurden seitens des Reichs neben Vertretern des Auswärtigen Amts und des Reichs-Justizamts auch Mitglieder der vom Reichs-Justizamt einberufenen Sachverständigen-Kommission bestellt.

Die erste Beratung in Brüssel (Herbst 1909) führte, zum Teil auf Grund von Mehrheitsbeschlüssen, zur Feststellung vorläufiger Grundzüge für ein Übereinkommen über die beschränkte Haftung des Reeders und über die Schiffshypotheken und Privilegien. Die Konferenz beschloß, diese Grundzüge den Regierungen zur Prüfung vorzulegen und sich bis zum

[1]) Zu vergl. Boyens in Goldschmidt's Zeitschrift für Handelsrecht Bd. 62 S. 5 ff., Bd. 64 S. 289 ff.; Brodmann das. Bd. 59 S. 201 ff., Bd. 64 S. 242 ff.; Brandis in der Beilage 1 der Hanseatischen Gerichtszeitung vom 11. Februar 1909; Schaps in der Leipziger Zeitschrift für Handelsrecht usw. Bd. 1 S. 850; Gütschow, Die Venediger Entwürfe des Comité maritime international usw. (Deutscher Verein für internationales Seerecht).

Jahre 1910 zu vertagen. Daraufhin lud das Reichs-Justizamt die früher gehörten Sachverständigen zu einer neuen Beratung ein, um festzustellen, inwieweit es möglich sei, auf den Boden der Grundzüge zu treten. Es wurden sodann deutscherseits für die Konferenz von 1910 neue Anträge aufgestellt, die sich zwar in vielen Beziehungen an die Brüsseler Grundzüge von 1909 anschlossen, zum Teil aber doch an den früheren deutschen Vorschlägen festhielten. Von verschiedenen anderen Nationen gingen gleichfalls mannigfache Änderungsvorschläge ein.

Auf der Konferenz von 1910 ist zwar eine gewisse Annäherung der entgegenstehenden Auffassungen erfolgt, eine volle Einigung konnte aber noch nicht erzielt werden; vielmehr blieben über wichtige Fragen Meinungsverschiedenheiten bestehen, die nur durch Mehrheitsbeschlüsse vorläufig erledigt wurden. Das Ergebnis der Beratung ist in neuen Vorentwürfen zusammengefaßt worden, bei deren Ausgestaltung im einzelnen die deutschen Anträge vielfach von Einfluß gewesen sind. Die Konferenz hat beschlossen, die Entwürfe wiederum den Regierungen zur Prüfung zu unterbreiten. Im Jahre 1912 sollen die Beratungen fortgesetzt werden.

Für Deutschland wird es sich fragen, inwieweit vom Standpunkte der deutschen Schiffahrt und des deutschen Handels aus sowie mit Rücksicht auf die deutschen Rechtsanschauungen den Vorentwürfen zugestimmt werden kann; es wird zu erwägen sein, ob die Vorteile, die aus der Vereinheitlichung des Rechtes entstehen, die Zugeständnisse rechtfertigen, die in bezug auf den Inhalt und die Form der Vorschriften bei einer internationalen Regelung notwendig gebracht werden müssen. Gelingt es, zu einer Verständigung zu gelangen, so wird das Werk der Vereinheitlichung des Seerechts, das mit dem Abschlusse der Übereinkommen über den Zusammenstoß von Schiffen und über die Hilfsleistung und Bergung seinen Anfang genommen hat, eine erhebliche Förderung erfahren.

Um allen Beteiligten Gelegenheit zu geben, zu den Entwürfen über die beschränkte Haftung und über die Schiffshypotheken und Privilegien Stellung zu nehmen, erschien es zweckmäßig, sie der Öffentlichkeit zugänglich zu machen. Die Entwürfe sind daher auf S. 34 ff. dem Wortlaute nach abgedruckt. Dem Urtexte ist eine deutsche Übersetzung beigefügt.

Bei der Aufstellung einheitlicher Rechtsnormen über die beschränkte Haftung des Reeders handelt es sich vor allem um zwei Fragen: nämlich 1. um die Entscheidung darüber, bei welchen Forderungen die Beschränkung der Haftung Platz greifen soll, und 2. um den Inhalt der beschränkten Haftung. In beiden Beziehungen weicht das englische Recht von dem der anderen Nationen, das wenigstens in den wesentlichsten Grundsätzen übereinstimmt, erheblich ab. Die Konferenz hat mit Rücksicht hierauf den Regierungen zwei Vorentwürfe (A und B) zur Prüfung unterbreitet. In der Beantwortung der ersten Frage stimmen die beiden Entwürfe miteinander überein, dagegen gehen sie in bezug auf den zweiten Punkt auseinander.

I.

Was zunächst die Fälle betrifft, in denen die Beschränkung der Haftung des Reeders eintritt, so ist eine solche im deutschen Rechte, abgesehen von der großen Haverei und der Bergung und Hilfsleistung (Handelsgesetzbuch §§ 726, 753), anerkannt für außervertragliches Verschulden der Schiffsmannschaft, für die Nichterfüllung oder mangelhafte Erfüllung von Verträgen, deren Ausführung zu den Obliegenheiten des Schiffers gehört, sowie für die Ansprüche aus Rechtsgeschäften, die der Schiffer als solcher kraft seiner gesetzlichen Befugnisse außerhalb des Heimatshafens geschlossen hat (Handelsgesetzbuch § 486). Die Länder des französischen Rechtes und die Gesetzgebung der Vereinigten Staaten von Amerika stehen im wesentlichen auf dem gleichen Standpunkte. Nach dem englischen Rechte greift dagegen die beschränkte Haftung im allgemeinen nur Platz bei der Beschädigung der an Bord des eigenen Schiffes befindlichen Güter oder Reisenden sowie bei einer durch nautisches Verschulden herbeigeführten Beschädigung eines fremden Schiffes oder der an Bord eines solchen Schiffes befindlichen Güter oder Personen. Die Brüsseler Konferenz von 1909 suchte zwischen diesen Gegensätzen zu vermitteln, indem sie dem Wunsche der englischen Delegation entsprechend von der Aufstellung eines allgemeinen Grundsatzes, wonach für alle Handlungen und Rechtsgeschäfte des Kapitäns nur beschränkt gehaftet wird, absah, andererseits aber die Fälle der beschränkten Haftung dem englischen Rechte gegenüber erheblich erweiterte. Die Deutsche Regierung trat in ihren Anträgen zu den Beschlüssen von 1909, unter Vorbehalt ihrer endgültigen Stellungnahme, auf den Boden dieses Vermittelungsvorschlags, befürwortete aber nach einzelnen Richtungen hin noch eine Ausdehnung des Anwendungsgebiets der beschränkten Haftung. In den Vorentwürfen von 1910 haben die Anträge, die in dieser Beziehung deutscherseits gestellt worden sind, abgesehen von der Frage der Haftung für Tötung und Körperverletzung (s. unten S. 18), im allgemeinen Berücksichtigung gefunden. Nach Artikel 1 des Entwurfs A und des Entwurfs B — der übrigens durch die Vorschriften des Artikel 11 (Entw. B Artikel 8) ergänzt wird — soll der Reeder nur beschränkt haften:

für außervertragliche Schadensersatzansprüche aus einem Verschulden der Schiffsbesatzung;

für die Beschädigung der dem Kapitän zur Beförderung übergebenen Ladung sowie für die Beschädigung aller an Bord befindlichen Güter;

für alle Schäden, die in Ausführung eines Vertrags durch ein nautisches Verschulden verursacht sind;

für die Verbindlichkeiten aus den vom Kapitän gezeichneten Konnossementen;

für die Vergütung wegen Bergung oder Hilfsleistung, es sei denn, daß es sich um einen mit Zustimmung des Schiffseigentümers geschlossenen Vertrag handelt, sowie für die Beiträge zur großen Haverei; endlich innerhalb gewisser Grenzen für die Geschäfte, die der Kapitän auf Grund seiner gesetzlichen Vollmacht außerhalb des Heimatshafens für den Reeder abgeschlossen hat.

Für die außervertraglichen Schadensersatzansprüche Dritter sowie für die vertraglichen Ansprüche wegen Beschädigung der dem Kapitän zur Beförderung übergebenen Ladung oder der an Bord befindlichen Güter tritt hiernach die Beschränkung der Haftung ohne Rücksicht darauf ein, ob der Schaden durch ein nautisches Verschulden verursacht worden ist oder nicht; nur bei etwaigen vertraglichen Schadensersatzansprüchen anderer Art ist die beschränkte Haftung davon abhängig gemacht, daß die mangelhafte Erfüllung auf einem nautischen Versehen beruht. Wegen des Falles, daß dem Reeder selbst ein Verschulden zur Last fällt, ist auf Artikel 11 Abs. 2 des Entwurfs A und Artikel 7 Abs. 2 des Entwurfs B zu verweisen. Durch die besondere, auf die Konnossemente bezügliche Vorschrift haben die Fälle getroffen werden sollen, daß der Kapitän ein Konnossement über Güter zeichnet, die er nicht erhalten hat, oder daß er das Konnossement mit einem falschen Datum versieht.

Was die beschränkte Haftung für Reparatur- und Lieferungsverträge und sonstige vom Kapitän im Laufe der Reise abgeschlossene Verträge betrifft, so geht der Entwurf davon aus, daß die beschränkte Haftung dann Platz greifen soll, wenn unterwegs ein Notfall eintritt, der die Eingehung von Verbindlichkeiten für den Reeder zum Zwecke der Erhaltung des Schiffes oder der Fortsetzung der Reise erforderlich macht. Bei Geschäften, die der Kapitän zum Zwecke des Antritts einer neuen Reise abschließt, greift daher die beschränkte Haftung nicht Platz, der Reeder wird vielmehr durch sie, falls das Landesrecht dem Schiffer überhaupt die Befugnis erteilt, solche Geschäfte für den Reeder abzuschließen, persönlich verpflichtet. Nach den Ausführungen, die auf der Konferenz von 1910 der Berichterstatter der Kommission in seinem Berichte zu dem Artikel 1 Nr. 7 gemacht hat, soll ferner der Reeder für Geschäfte, die der

Kapitän unterwegs zur Fortsetzung der Reise oder zur Erhaltung des Schiffes geschlossen hat, mit seinem ganzen Vermögen verantwortlich sein, wenn diese Geschäfte deshalb notwendig geworden sind, weil der Reeder nicht gehörig für alles Vorsorge getroffen hat, was bei einem normalen Verlaufe der Reise zu deren Ausführung erforderlich ist. Es fragt sich allerdings, ob der Ausschluß der beschränkten Haftung in Fällen der letzteren Art, dem von deutscher Seite in den Anträgen für die letzte Konferenz nicht widersprochen ist, in dem Entwurfe tatsächlich zum Ausdrucke kommt. Der Artikel 11 Abs. 2 des Entwurfs A sowie der Artikel 7 Abs. 2 des Entwurfs B dürfte nach der jetzigen Fassung hier nicht Platz greifen. Ebenso wird man sich nicht auf die im Artikel 1 Nr. 7 gebrauchten Worte „en cas de nécessité“ berufen können. Diese Worte finden sich auch im Artikel 3 Nr. 4 des auf die Privilegien bezüglichen Entwurfs und können dort nicht in dem Sinne ausgelegt werden, daß eine Forderung aus einem Lieferungsgeschäfte, das zur Fortsetzung der Reise notwendig war, kein Privileg genießt, wenn das Bedürfnis nicht die Folge eines Unfalls, sondern einer schlechten Ausrüstung des Schiffes gewesen ist.

Inbezug auf Frachtverträge, die unterwegs geschlossen worden sind, führt zwar die Tatsache, daß der Abschluß durch den Kapitän erfolgt ist, nach dem Entwurfe noch nicht zu einer Haftungsbeschränkung; eine solche ergibt sich aber auch für diese Verträge aus den Nummern 2, 3 des Artikel 1.

Bemerkt sei hier noch, daß der Artikel 1 nicht entscheidet, unter welchen Voraussetzungen den Reeder überhaupt eine Haftung trifft. Er bestimmt vielmehr nur, in welchen Fällen die Haftung, soweit eine solche nach den nationalen Gesetzen überhaupt Platz greift, eine beschränkte ist.

II.

In bezug auf den Inhalt der beschränkten Haftung können im geltenden Rechte vier Systeme unterschieden werden, das deutsche, das französische, das nordamerikanische und das englische. Die drei ersten Systeme stehen einander mehr oder weniger nahe, während das englische sich weiter von ihnen entfernt.

Nach dem deutschen Rechte haftet der Reeder in den Fällen, in denen die beschränkte Haftung Platz greift, nur mit Schiff und Fracht (Handelsgesetzbuch § 486). Das persönliche Vermögen des Reeders kann nicht in Anpruch genommen werden, vielmehr sind alle beschränkt berechtigten Gläubiger, deren Forderungen während einer und derselben Reise (§ 757) entstanden sind, darauf angewiesen, aus dem Schiffe und der Fracht Befriedigung zu suchen. Geht das Schiff unter oder wird es im Werte verringert, so tragen die Gläubiger den Schaden. Erst dann, wenn das Schiff eine neue Reise antritt, kommt zu der Haftung mit Schiff und Fracht unter Umständen eine persönliche Haftung des Reeders hinzu (§ 774). Nach dem französischen Rechte haftet der Reeder zwar an sich mit seinem ganzen Vermögen, er kann sich aber in den gesetzlich bestimmten Fällen durch Hingabe von Schiff und Fracht (abandon) befreien. Das Recht der Vereinigten Staaten von Amerika beschränkt die Haftung des Reeders auf den Wert von Schiff und Fracht und gibt ihm daneben die Befugnis zum abandon.

In England bestimmt sich dagegen der Umfang der beschränkten Haftung nach der Höhe des Raumgehalts des Schiffes. Der Reeder haftet, wenn es sich nur um Sachschäden handelt, bis zu einem Betrage von 8 Pfd. Sterling auf jede Bruttotonne des Schiffes, wenn dagegen Personenschäden, sei es neben Sachschäden, sei es ausschließlich, in Frage stehen, bis zu einem Betrage von 15 Pfd. auf die Tonne. Durch eine Beschädigung des Schiffes oder seinen vollständigen Untergang erleidet die Haftung des Reeders, abweichend vom kontinentalen Rechte, keine Verminderung. Auch haftet der Reeder für jedes „Ereignis“ bis zur Höhe des angegebenen Betrags, sodaß beispielsweise, wenn auf einer Reise mehrere Kollisionsfälle eintreten, der Reeder in die Lage kommen kann, den Höchstbetrag mehrmals zahlen zu müssen.

Der Entwurf A sucht im Anschluß an den Venediger Entwurf einen Ausgleich zwischen den gegenwärtig obwaltenden Rechtsverschiedenheiten dadurch herbeizuführen, daß er dem Reeder ein Wahlrecht einräumt. Nach Artikel 1 haftet der Reeder grundsätzlich, wie nach dem deutschen Rechte, nur mit Schiff und Fracht. Er ist jedoch befugt, dem Schiffe den Wert des Schiffes am Ende der Reise zu substituieren (Artikel 5) und hat außerdem das Recht, Schiff und Fracht von der Haftung für die im Artikel 1 Nr. 1 bis 4 aufgeführten Forderungen durch Zahlung einer Summe zu befreien, die sich für jedes Ereignis auf 8 Pfd. Sterling auf die Bruttotonne des Schiffes bemißt (Artikel 6).

Eine besondere Bestimmung trifft der Entwurf (Artikel 10) für den Fall, daß das Schiff mit Arrest belegt und behufs seiner Freigabe eine Sicherheit bestellt wird. Der Gläubiger, dem die Sicherheit geleistet wird, soll berechtigt sein, aus ihr ohne Rücksicht auf spätere Ereignisse Befriedigung zu suchen; andererseits soll sich der Reeder auf die Sicherheitsleistung nicht berufen können, um seine Haftung aus späteren Ereignissen einzuschränken. Der Arrest hat daher, wie übrigens schon nach dem geltenden deutschen Rechte, die Wirkung, daß der Reeder, wenn er das Schiff durch Sicherheitsleistung befreit, den Gläubigern einer und derselben Reise mit mehr als dem Schiffe und der Fracht haftet. Hierin liegt, namentlich wenn man in Betracht zieht, daß es in den praktisch wichtigen Fällen meist zum Arreste kommen wird, eine Annäherung an das englische Recht, nach welchem für jedes Ereignis eine selbständige Haftung mit 8 Pfund auf die Tonne eintritt.

Durch die Vorschriften des Artikel 8 trägt der Entwurf A der englischen Auffassung noch in weiterem Umfange Rechnung. Der Venediger Entwurf enthielt eine dem Artikel 8 entsprechende Bestimmung nicht. Von englischer Seite wurde bei den Brüsseler Verhandlungen des Jahres 1909 zunächst vorgeschlagen, davon auszugehen, daß der Reeder mit dem Werte hafte, den das Schiff v o r dem schadenbringenden Ereignisse hat. Dieser Vorschlag fand insoweit, als er den Wert des Schiffes vor dem Ereignisse zum Maßstabe der Haftung machen wollte, keinen Anklang. Dagegen wurde beschlossen, der englischen Auffassung in anderer Beziehung entgegenzukommen. Gegen das kontinentale System, das die Reise zur Grundlage der Haftung macht, wurde namentlich eingewendet, daß es sich nicht rechtfertigen lasse, den beschränkt berechtigten Gläubigern die Gefahr aufzuerlegen, die daraus entsteht, daß ein mit Schulden beschwertes Schiff während der Fortsetzung der Reise mit neuen Schulden belastet oder verschlechtert wird oder ganz verloren geht. Um in dieser Hinsicht die Stellung der Gläubiger zu verbessern und ihre Rechte von der Arrestlegung unabhängig zu machen, wurde in den Brüsseler Grundzügen von 1909 der Begriff der Reise umgestaltet und zwar in dem Sinne, daß die Reise in dem ersten Zwischen- oder Nothafen endet, in welchen das Schiff nach dem Ereignis, aus dem die Forderung entstanden ist, einläuft, oder in dem Hafen, in welchem sich das Schiff zur Zeit dieses Ereignisses befindet. Den Gläubigern jedes so gebildeten Reiseabschnitts sollte der Reeder je einmal mit Schiff und Fracht oder mit dem Werte von Schiff und Fracht haften. Wenn beispielsweise ein Schiff, welches von H über J nach K fährt, vor seiner Ankunft in J durch Verschulden seines Kapitäns einen Zusammenstoß verursacht, so sollte der Reeder den Gläubigern, deren Forderungen auf dem Reiseabschnitte H bis J entstanden sind, mit dem Schiffe oder mit dem Werte des Schiffes bei der Ankunft in J oder mit 8 Pfund Sterling auf die Tonne haftbar sein. Verläßt das Schiff den Hafen von J und entstehen auf der Reise von J nach K neue Forderungen, so sollte zu Gunsten der Gläubiger des zweiten Reiseabschnitts nochmals eine Haftung mit dem Schiffe oder dem Werte des Schiffes, und zwar mit dem Werte bei der Ankunft in K, oder mit 8 Pfund für die Tonne eintreten.

Der neue Begriff der Reise, der nach mehrfachen Richtungen hin zu Bedenken Anlaß gab, wurde auf der Konferenz von 1910 wieder aufgegeben und statt dessen in den Entwurf A eine Definition der Reise aufgenommen, die dem natürlichen Begriffe der Reise im Sinne einer einheitlichen wirtschaftlichen Unternehmung entspricht (Artikel 7; zu vergl. Handelsgesetzbuch § 757). Allen beschränkt berechtigten

Gläubigern, deren Forderungen auf der so umgrenzten Reise entstanden sind, haftet der Reeder grundsätzlich nur mit dem Schiffe und der Fracht und zwar mit dem Schiffe in dem Zustande, in welchem es sich am Ende der Reise befindet. Um aber dem Gedanken, der den Beschlüssen von 1909 zu Grunde lag, in anderer Form Rechnung zu tragen, wurde im Anschluß an einen deutschen Vermittelungsvorschlag in den Entwurf A der Artikel 8 aufgenommen. Nach diesem Artikel tritt eine Verschärfung der Haftung ein, wenn während der Reise aus einem Zusammenstoß oder aus einer Bergung oder Hilfsleistung Forderungen gegen den Reeder entstehen und das Schiff darauf einen Zwischen- oder Nothafen anläuft. In einem solchen Falle soll der Reeder, wenn das Schiff ohne Regulierung der bezeichneten Forderungen diesen Hafen verläßt, für den Schaden aufkommen, der den Gläubigern dadurch erwächst, daß das Schiff beschädigt oder mit neuen Schulden belastet wird. Ebenso soll der Reeder den beschränkt berechtigten Gläubigern, deren Forderungen erst nach dem Verlassen des Zwischen- oder Nothafens entstanden sind, für den Nachteil haften, den sie dadurch erleiden, daß die vorher aus dem Zusammenstoß oder der Bergung oder Hilfsleistung entstandenen Forderungen noch nicht getilgt sind. Zur Erläuterung diene das folgende Beispiel. Ein Schiff, das eine Reise von H über J nach K macht, verursacht vor J einen Kollisionsschaden von 120 000 ℳ. Eine Beschlagnahme des Schiffes in J erfolgt nicht, das Schiff setzt seine Reise fort, ohne daß die Kollisionsgläubiger befriedigt worden sind, und fügt bei der Einfahrt in den Hafen K durch Verschulden seiner Besatzung den Hafenanlagen einen Schaden von gleicher Höhe zu. Der Wert des schuldigen Schiffes in K beträgt 100 000 ℳ. Dann erhalten nach dem Entwurf A die Kollisionsgläubiger und der Eigentümer der Hafenanlagen aus dem Schiffe je 50 000 ℳ. Außerdem aber hat ihnen der Reeder aus seinem übrigen Vermögen noch je 50 000 ℳ zu zahlen, weil eine Regulierung des Kollisionsschadens in J nicht erfolgt ist; denn wenn diese stattgefunden hätte, würden sowohl die Kollisionsgläubiger wie der Eigentümer der Hafenanlagen in Höhe des vollen Wertes des Schiffes, also mit je 100 000 ℳ zu befriedigen gewesen sein. Im Ergebnisse haftet daher der Reeder für den ersten wie für den zweiten Unfall je in Höhe des Schiffswerts. Wäre das Schiff in J 110000 ℳ wert gewesen und hätte es bei dem zweiten Unfall einen Schaden von 10000 ℳ erlitten, so würde der Reeder den Gläubigern, deren Forderungen aus dem ersten Unfalle herrühren, auch noch für diese Verschlechterung aufkommen müssen.

Wie schon bemerkt, war bei den Brüsseler Verhandlungen von 1909 von englischer Seite vorgeschlagen, den Reeder mit dem Werte haften zu lassen, den das Schiff vor dem Ereignisse hat, welches die Forderung begründet. Bei den Beratungen von 1910 wurde dieser Standpunkt nicht festgehalten, vielmehr erklärte man sich englischerseits nunmehr bereit, sich dem kontinentalen System insoweit anzuschließen, daß die Haftung des Reeders auf den Wert des Schiffes nach dem Ereignisse beschränkt werde; die Haftung dürfe aber nicht zu einer bloßen Sachhaftung gemacht werden, vielmehr müsse der Reeder in Höhe des bezeichneten Wertes persönlich haften; auch solle der Wert des Schiffes unmittelbar nach dem Ereignisse, nicht der Wert im nächsten Zwischenhafen maßgebend sein. Eine Einigung konnte nicht erzielt werden, der neue englische Vorschlag fand aber vielfach Unterstützung. Es wurde deshalb beschlossen, auch auf der Grundlage dieses Vorschlags einen Vorentwurf auszuarbeiten (Entwurf B) und ihn gleichzeitig mit dem auf dem Grundsatze der Sachhaftung aufgebauten Entwurf A den Regierungen vorzulegen.

Gegen den englischen Vorschlag wurde im Laufe der Verhandlungen eingewendet: Im Vergleiche mit dem jetzt geltenden kontinentalen Rechte werde dadurch die Lage des Reeders insofern verschlechtert, als auch sein Landvermögen in Anspruch genommen werden könne. Es werde zu prüfen sein, ob dies nicht, namentlich für die kleinen Reeder und die Mitglieder einer Partenreederei, bedenklich sei. Dazu komme, daß nach dem englischen Vorschlage der Reeder zweimal mit dem Werte des Schiffes haften solle, wenn auf demselben Reiseabschnitte zwei Ereignisse einträten, die zur Begründung von Forderungen gegen den Reeder führten.

Trete, wie nach Artikel 8 des Entwurfs A, die zusätzliche Haftung erst ein, wenn das Schiff inzwischen einen Hafen angelaufen habe, so sei der Reeder in der Lage, sich gegen das neue Risiko nachträglich zu versichern und dadurch die Gefahr der Zusatzhaftung von sich abzuwenden; im Zwischenhafen müsse überdies der Reeder schon jetzt mit einer Erhöhung seiner Haftung infolge der Arrestlegung rechnen. Es werde ferner zu erwägen sein, ob das System der Haftung mit dem Werte, den das Schiff nach dem forderungsbegründenden Ereignisse hat, sich auch auf Fälle übertragen lasse, in denen es sich nicht oder nicht ausschließlich um Ansprüche handle, die aus einem Schiffszusammenstoße herrühren, sondern um Forderungen anderer Art, z. B. um Forderungen wegen Ladungsschäden, die nicht auf einen Zusammenstoß zurückzuführen sind, oder um Forderungen aus Notgeschäften des Schiffers usw.; im Entwurf A sei die zusätzliche persönliche Haftung nur für bestimmte praktisch besonders wichtige Fälle vorgesehen, dagegen bleibe es im übrigen bei der Haftung mit dem Schiffe in dem Zustand am Ende der Reise. Endlich frage es sich, ob nicht die Feststellung des Wertes, den das Schiff unmittelbar nach dem Ereignisse habe, Schwierigkeiten bereiten werde.

Demgegenüber wurde zugunsten des Entwurfs B namentlich geltend gemacht:

Unter den gegenwärtigen Verhältnissen, wo die meisten Reeder versichert seien, sei es in deren Interesse nicht erforderlich, ihnen die Möglichkeit einzuräumen, sich dadurch von ihren Schulden zu befreien, daß sie das Schiff in Natur zur Verfügung stellten. Dem Gläubiger aber könne billigerweise nicht zugemutet werden, seinerseits den Verkauf eines vielleicht in der Ferne befindlichen Schiffes durchzuführen und in Verhandlungen mit den sonstigen Beteiligten einzutreten. Das sei vielmehr Sache des Reeders, in dessen Hand die durch das Schiff begründeten rechtlichen Beziehungen zusammenliefen. Die Befugnis des Reeders, die Gläubiger auf das Schiff selbst zu verweisen, führe zu Mißbräuchen, indem die Gläubiger wegen der Schwierigkeiten, die ihnen die Liquidation bereite, vom Reeder gezwungen würden, sich im Vergleichswege mit einer Summe zu begnügen, die unter dem wahren Werte des Schiffes bleibe. Dem Reeder biete andererseits das Werthaftungssystem den Vorteil, daß er nach einem Unfalle das Schiff ausbessern lassen könne, ohne dadurch seine Haftung für die aus dem Unfall entstandenen Forderungen zu erhöhen. Die Regelung in Geld sei in der Praxis auch jetzt schon das übliche. Die Gefahr, daß es vor der Liquidation des Schiffsvermögens zu einer Zwangsvollstreckung in das Landvermögen des Reeders kommen könne, lasse sich durch die Aufnahme einer Vorschrift beseitigen, die dem Richter die Befugnis gebe, die Vollstreckung hinauszuschieben (vergl. nunmehr Artikel 8 des Entw. B). Daß auf der Fahrt von einem Hafen zum anderen zwei schadenbringende Ereignisse eintreten, werde nur selten vorkommen, die Versicherung aber auch hiergegen Schutz gewähren; schon heute seien Klauseln üblich, denenzufolge sich nach jedem Unfalle die Versicherungssumme von selbst wieder erhöhe. Die Feststellung des Wertes des Schiffes nach dem Unfalle bereite keine Schwierigkeiten; bereits jetzt müßten die Gerichte feststellen, welchen Wert das Schiff, für dessen Beschädigung Ersatz gefordert werde, vor und nach dem Unfalle gehabt habe. Dadurch, daß die Haftung grundsätzlich für jedes Ereignis sich erneuern solle, werde nur gesetzlich anerkannt, was die Praxis gegenwärtig durch den Arrest herbeiführe. Die Abgrenzung der Haftung nach Reisen sei zudem bei der sehr verschiedenen Länge der Reisen willkürlich. Das vorgeschlagene System unterscheide sich praktisch nicht erheblich von dem des Entwurfs A, nähere sich aber mehr der Auffassung des englischen Rechtes, von welcher der Entwurf A zu weit abweiche, und werde daher eine geeignete Grundlage für eine Verständigung bilden.

Um dem Einwande zu begegnen, daß der Grundsatz der Haftung mit dem Werte des Schiffes nach dem „Ereignisse" nicht für alle Fälle der beschränkten Haftung passe, sind im Laufe der Verhandlungen in den Artikeln 2, 3 noch ergänzende Bestimmungen getroffen worden. Der Artikel 2 sieht eine mehrfache Haftungsgrenze vor. Die

Bestimmung des Artikel 2 unter a greift nach den Erläuterungen des Kommissionsberichterstatters Platz, wenn ein Zusammenstoß oder ein ähnlicher Unfall, d. h. ein äußeres, gewaltsames, anormales Ereignis oder, wie an anderer Stelle gesagt ist, ein bestimmtes Ereignis, z. B. Strandung oder Feuer, stattgefunden hat.[1]) Alles was mit diesem Ereignis zusammenhängt — z. B. wie der Berichterstatter hervorgehoben hat, die Hilfsleistung infolge des Zusammenstoßes, ferner Ansprüche aus Verträgen, namentlich die Forderungen wegen einer durch das Ereignis verursachten Beschädigung der Ladung —, soll einen einzigen Haftungsfall bilden. Die Grenze der Haftung ist hier der Wert des Schiffes unmittelbar nach dem Ereignisse.

Soweit es sich nicht um einen Zusammenstoß oder ein ähnliches Ereignis handelt, ist zwischen Ansprüchen wegen Beschädigung der eigenen Ladung des Schiffes und anderen Ansprüchen zu unterscheiden. Bei Ladungsschäden kommt es in erster Linie auf den Bestimmungshafen der Ladung an. Für alle Güter, die nach demselben Hafen zu befördern sind, haftet der Reeder mit dem Werte des Schiffes in diesem Hafen. Wird die Reise nicht bis zum Bestimmungshafen fortgesetzt, so tritt an Stelle des Bestimmungshafens der Ort, wo die Reise unterbrochen wird (Artikel 2 unter b). Für Forderungen, die sich nicht auf Ladungsschäden beziehen, und nicht unter Artikel 2 lit. a fallen, soll der Reeder mit dem Werte des Schiffes am Ende der Reise haften (Artikel 2 unter c).

Der Artikel 3 sieht vor, daß im Falle einer Mehrheit von Forderungen der Reeder nur einmal mit dem Werte des Schiffes haftet, sofern die Forderungen von demselben Ereignisse herrühren oder in demselben Hafen zu erfüllen sind. Liegen diese Voraussetzungen nicht vor, so trifft den Reeder eine mehrfache Haftung. Eine solche wird nicht nur Platz greifen, wenn während derselben Reise mehrere Ereignisse der im Artikel 2 lit. a bezeichneten Art eintreten, sondern

[1]) „Un abordage ou un accident similaire, c'est à dire un événement extérieur, violent, anormal venant atteindre l'aventure maritime". „Un accident déterminé tel qu'un abordage, un échouement, un incendie".

unter anderen auch dann, wenn mit Forderungen aus einem derartigen Ereignis Ansprüche wegen eines unter Artikel 2 lit. b fallenden Ladungsschadens konkurrieren oder wenn bei Ansprüchen der letztgenannten Art die Güter nach verschiedenen Häfen bestimmt sind. Ebenso wird, wenn auf derselben Reise das Schiff mit Ansprüchen aus Notgeschäften des Kapitäns (Artikel 1 Nr. 7) und mit Ansprüchen aus einem Schiffszusammenstoße belastet wird, der Reeder für die Forderungen aus den Notgeschäften mit dem Werte des Schiffes am Ende der Reise und außerdem für die Forderungen aus dem Zusammenstoße mit dem Werte unmittelbar nach dem Zusammenstoße haften.

Die Erwägungen, die für und gegen das System des Entwurfs B geltend zu machen sind, werden einer sorgfältigen Prüfung bedürfen. Es wird insbesondere auch nachzuprüfen sein, ob die Ausgestaltung, die das Prinzip der Werthaftung in den Artikeln 2 und 3 erfahren hat, für die einzelnen in Frage stehenden Forderungen (Artikel 1 Nr. 1 bis 7) sowie für den Fall des Zusammentreffens gleichartiger und verschiedenartiger Forderungen zu klaren und befriedigenden Ergebnissen führt, und welche Änderungen gegebenenfalls vorzuschlagen sein würden. Im allgemeinen wird angenommen werden können, daß bei einer neuen Konferenz die Neigung bestehen wird, die Ausgleichung zwischen den gegenwärtig obwaltenden Rechtsverschiedenheiten auf der Grundlage der Werthaftung (Entw. B) herbeizuführen.

III.

Zu den Punkten, über die eine Verständigung noch nicht erzielt worden ist, gehört ferner die Frage der beschränkten Haftung für Ansprüche wegen Tötung und Körperverletzung. Der Venediger Entwurf sowie die Brüsseler Grundzüge von 1909 verwiesen in dieser Beziehung lediglich auf die nationale Gesetzgebung. Demgegenüber wurde bei den Brüsseler Verhandlungen von verschiedenen Seiten, insbesondere auch von den deutschen Delegierten, darauf hingewiesen, daß der Wert des Übereinkommens erheblich beeinträchtigt werden würde, wenn hier die Landesgesetze in Kraft blieben. Andererseits haben die Verhandlungen ergeben, daß es nicht möglich sein wird, eine internationale Verständigung auf der Grundlage herbeizuführen, daß der Reeder für die Ansprüche wegen Tötung und Körperverletzung nur mit Schiff und Fracht oder nur mit dem Werte des Schiffes nach dem Unfalle haftet. Es ist deshalb von einzelnen Seiten der in der Anmerkung zum Artikel 14 des Entwurfs A und zum Artikel 11 des Entwurfs B wiedergegebene Vorschlag gemacht worden. Danach soll der Reeder den Gläubigern, welche Ansprüche aus Tötung und Körperverletzung haben, bis zum Betrage von 7 Pfund Sterling auf die Bruttotonne des Schiffes haften. Reicht dieser Betrag nicht aus, um den bezeichneten Gläubigern Deckung zu gewähren, so sollen sie für den Rest aus Schiff und Fracht — oder nach dem Entwurfe B aus dem Werte des Schiffes nach dem Unfall und aus der Fracht — in Konkurrenz mit den anderen Gläubigern (und zwar wohl in gleichem Range mit den Forderungen aus Sachschäden) Befriedigung suchen können.

IV.

Streitig geblieben ist schließlich die Frage, welchen Forderungen ein Privileg, d. h. ein den vertragsmäßigen Pfandrechten am Schiffe (den Hypotheken) vorgehendes gesetzliches Pfandrecht oder, wie das Handelsgesetzbuch (§§ 754 ff.) sagt, ein Schiffsgläubigerrecht gewährt werden soll. Während das deutsche Recht davon ausgeht, daß allen Gläubigern, denen der Reeder nur beschränkt haftet, zu ihrer Sicherheit ein solches Pfandrecht einzuräumen ist, hatte in dem Entwurfe von Venedig nur eine kleine Zahl von Privilegien Aufnahme gefunden. Demgegenüber ist in Brüssel von den deutschen Delegierten in Übereinstimmung mit dem Gutachten der vom Reichs-Justizamte gehörten Sachverständigen und den kritischen Äußerungen, die in Deutschland zu den Venediger Entwürfen veröffentlicht worden sind, der Standpunkt des deutschen Rechtes vertreten worden. Die Zahl der Privilegien hat denn auch in dem jetzt vorliegenden Entwurf eine Vermehrung erfahren. Im vollen Umfang aber hat der Grundsatz des Handelsgesetzbuchs gegenüber den auf Einschränkung der Privilegien und auf Hebung des Schiffshypothekenkredits gerichteten Bestrebungen nicht zur Anerkennung gebracht werden können.

Der Brüsseler Entwurf erkennt ein Privileg für fünf Klassen von Forderungen an, nämlich:

für die Kosten des gerichtlichen Verfahrens usw.;

für die Heuerforderungen und dergl.;

für den Berge- und Hilfslohn und für die Beiträge zur großen Haverei;

für die Forderungen aus Geschäften, die der Kapitän in Notfällen außerhalb des Heimatshafens zur Fortsetzung der Reise oder zur Erhaltung des Schiffes abgeschlossen hat;

für Schadensersatzansprüche, die aus einem Zusammenstoß oder aus einem sonstigen durch ein Verschulden der Besatzung verursachten Ereignis einem anderen Schiffe, seiner Ladung, seiner Besatzung oder seinen Reisenden, oder im Falle der Körperverletzung oder Tötung auch den eigenen Passagieren des schuldigen Schiffes oder ihren Hinterbliebenen zustehen, ebenso für Schadensersatzansprüche wegen Beschädigung von Hafenanlagen und sonstigen künstlichen Anlagen.

Nicht durch ein Privileg geschützt sind nach dem Entwurfe namentlich die Ansprüche der Ladungsinteressenten gegen den Reeder, mit dessen Schiffe die Beförderung erfolgt ist oder erfolgen sollte; ebenso ist kein Privileg gewährt für sonstige Forderungen wegen Nichterfüllung oder mangelhafter Erfüllung eines vom Schiffer auszuführenden Vertrags, auch nicht insoweit, als die Nichterfüllung oder mangelhafte Erfüllung auf einem nautischen Fehler beruht. Ferner besteht kein Privileg für die Forderungen aus den vom Kapitän gezeichneten Konnossementen. (Vergl. demgegenüber den Entwurf über die beschränkte Haftung Artikel 1 Nr. 2 bis 4.) Nach dem Handelsgesetzbuche haben dagegen die Ladungsinteressenten an dem die Ladung befördernden Schiffe ein Schiffsgläubigerrecht, das sogar den Schadensersatzforderungen Dritter im Range vorgeht (§ 754 Nr. 7, § 768 Nr. 4). Nach dem englischen Rechte steht den Ladungsinteressenten an dem Schiffe, auf dem sich die Ladung befindet, überhaupt kein Privileg zu.

In Brüssel ist deutscherseits unter Verzicht auf den Vorrang beantragt worden, den Ladungsinteressenten ein den Ersatzansprüchen Dritter im Range gleichstehendes Privileg einzuräumen. Der Antrag wurde aber — freilich nur mit geringer Mehrheit — abgelehnt. Demgemäß konnte auch der weitere Vorschlag keine Zustimmung finden, wonach den Forderungen aus Konnossementen auch dann ein Privileg zustehen sollte, wenn es sich dabei nicht um Ansprüche wegen Beschädigung der Ladung, sondern um Ansprüche wegen Ausstellung eines Konnossements über nichtverladene Güter oder wegen falscher Datierung handelt.

Gegen den Grundsatz, daß alle Forderungen, denen der Reeder nur beschränkt haftet, durch ein Privileg zu sichern seien, und insbesondere gegen das Privileg der Ladungsinteressenten, wurde im Laufe der Verhandlungen namentlich folgendes geltend gemacht:

Die gegenwärtig bestehende übergroße Zahl der Privilegien schade dem Schiffshypothekenkredit, auf dessen Hebung man bei einer internationalen Vereinbarung über die Schiffshypotheken und Schiffsprivilegien vor allem bedacht sein müsse. Die Ladungsinteressenten bedürften des Schutzes eines Privilegs trotz der beschränkten Haftung des Reeders nicht, wie namentlich durch das Beispiel Englands bewiesen werde. Sie könnten sich durch Arrestierung des Schiffes und durch Zurückbehaltung der Fracht sichern. Gegen eine Beeinträchtigung ihrer Rechte durch die Schiffshypothekengläubiger und andere Gläubiger, denen der Reeder persönlich hafte, seien sie durch die Vorschrift des Artikel 4 des

Entwurfs A über die beschränkte Haftung geschützt, da ihnen hiernach der Reeder insoweit persönlich hafte, als ihnen die Befriedigung aus Schiff und Fracht durch die Hypothekengläubiger unmöglich gemacht werde. Sie brauchten nach dieser Vorschrift mit ihrem Zugriff auf das Landvermögen des Reeders keineswegs zu warten, bis die Schiffsmasse realisiert sei und sie hierbei einen Ausfall erlitten hätten, vielmehr könnten sie vorgehen, sobald sich aus der Vergleichung des Wertes des Schiffes und der Höhe der Hypotheken ergebe, daß sie Gefahr liefen, aus der Schiffsmasse nicht bezahlt zu werden. Bei dem Systeme des Entwurfs B komme eine Beeinträchtigung der Rechte der Ladungsinteressenten durch die Hypothekenforderungen überhaupt nicht in Frage. Endlich könne vom praktischen Standpunkt aus nicht unberücksichtigt bleiben, daß die Reeder sich von der Haftung für Ladungsschäden in weitem Umfange freizeichneten. Wenn insbesondere gesagt werde, daß nach englischem Rechte die Forderungen wegen Beschädigung der eigenen Ladung des Schiffes mit den Schadensersatzansprüchen Dritter aus der Haftsumme von 8 Pfund für die Tonne gleichmäßig befriedigt würden, so sei das tatsächlich ohne Bedeutung, weil bei Schiffszusammenstößen regelmäßig die Befreiungsklauseln wirksam würden.

Für den Standpunkt der Minderheit wurde namentlich folgendes ausgeführt:

Die Billigkeit erfordere, daß den Gläubigern, die zu ihrer Befriedigung auf einen bestimmten Teil des Vermögens ihres Schuldners verwiesen werden, der Zugriff auf diesen Teil gesichert würde. Die Befugnis, das Schiff in Beschlag zu nehmen, reiche zur Sicherung der beschränkt berechtigten Gläubiger, insbesondere der Ladungsinteressenten, nicht aus. Denn der Arrest gebe kein Vorzugsrecht gegenüber schon bestehenden dinglichen Rechten und gewähre daher dem Gläubiger, wenn es zur Zwangsversteigerung des Schiffes komme, keine ausreichende Hilfe. Überdies sei der Arrest nicht immer und nicht in allen Staaten gleichmäßig zulässig. Nach dem französischen und dem deutschen Rechte und nach den Gesetzen vieler anderer Länder könnten segelfertige Schiffe nur in bestimmten Ausnahmefällen mit Beschlag belegt werden. Nach dem Rechte einzelner Staaten Staaten sei ein Arrest außerhalb des Registerhafens des Schiffes nur zu Gunsten privilegierter Forderungen statthaft.[1]) In verschiedenen Gesetzen finde sich ferner die Vorschrift, daß ein Arrest gegen ausländische Schiffe nur zur Sicherung von Forderungen zulässig ist, die im Inland entstanden oder im Inlande zahlbar sind.[2]) Die Ladungsinteressenten könnten auch nicht darauf verwiesen werden, zur Sicherung ihrer Ansprüche die von ihnen zu zahlende Fracht zurückzubehalten. Zunächst werde es vielfach schwierig für sie sein, ohne Zahlung der Fracht die Aushändigung der Güter zu erlangen. Außerdem aber reiche bei erheblichen Schäden der Betrag der Fracht zur Deckung nicht aus.

Auch die Vorschrift des Artikel 4 des Entw. A genüge nicht zum Schutze der beschränkt berechtigten Gläubiger. Es bestehe die Gefahr, daß die Gläubiger, denen der Reeder unbeschränkt hafte, das Landvermögen zu ihren Gunsten in Beschlag nähmen und so den beschränkt berechtigten Gläubigern zuvorkämen; denn die letzteren könnten sich zunächst nur an Schiff und Fracht und erst nach Eintritt der im Artikel 4 vorgesehenen Voraussetzungen an das sonstige Vermögen ihres Schuldners halten. Vor allem aber könne der Ladungsinteressent den Rückgriff auf das Landvermögen ausländischen Schiffseigentümern gegenüber häufig nur durch eine Klage vor ausländischen Gerichten geltend machen. Das Privileg gewähre ihm dagegen die Möglichkeit, aus dem im Inlande befindlichen Schiffe vor den etwaigen Hypothekengläubigern Befriedigung zu erhalten, und zwar, ohne Rücksicht darauf, ob der Verfrachter, mit dem der Frachtvertrag abgeschlossen worden sei, das Eigentum am Schiffe habe oder die Schiffahrt mit einem gecharterten Schiffe betreibe. Schließlich sei der Gläubiger vermöge des Privilegs in der Lage, sich auch dann noch an das Schiff zu halten, wenn es nach der Entstehung der Forderung veräußert worden sei.

[1]) Vergl. z. B. Argentinisches Handelsgesetzbuch Artikel 869.

[2]) Vergl. z. B. Argentinisches Handelsgesetzbuch Artikel 871, Chilenisches Handelsgesetzbuch Artikel 844.

Auf das in England geltende Recht könne man sich hier nicht berufen. Denn nach dem dortigen Rechte würden die Gläubiger in den Fällen, in denen eine Beschränkung der Haftung des Schiffseigentümers eintrete, nicht auf das Schiff selbst verwiesen, vielmehr hafte ihnen der Schiffseigentümer bis zu einem nach dem Raumgehalte des Schiffes bemessenen Betrage. Dieser Betrag aber diene auch hier ausschließlich zur Befriedigung der beschränkt berechtigten Gläubiger; andere Gläubiger, insbesondere die Hypothekengläubiger, könnten ihn nicht in Anspruch nehmen. Ferner würden auch nach englischem Rechte aus der Sondermasse alle beschränkt berechtigten Gläubiger des Reeders mit Einschluß der Interessenten der eigenen Ladung des Schiffes zu gleichen Teilen befriedigt. Werde beispielsweise durch Verschulden des Schiffes A den Schiffen A und B und ihrer Ladung ein Schade zugefügt, so würde der vom Eigentümer des Schiffes A zu zahlende Betrag — 8 Pfund auf die Tonne seines Schiffes — verhältnismäßig auf die Ladungsinteressenten der Schiffe A und B und den Eigentümer des Schiffes B verteilt. Nach dem Brüsseler Entwurf würden dagegen aus dem Schiffe A der Eigentümer und die Ladungsinteressenten des Schiffes B kraft ihrer Privilegien vor den Ladungsinteressenten des Schiffes A befriedigt werden, und zwar ohne daß für den Ausfall, den die letzteren hierdurch erleiden, eine persönliche Haftung des Schiffseigentümers gegeben wäre. Trotz der Befreiungsklauseln seien die Ansprüche gegen den Reeder aus dem Frachtvertrage auch gegenwärtig noch von großer praktischer Bedeutung, auch werde in den beteiligten Kreisen vielfach eine Änderung der Konnossementsklauseln zu Gunsten der Ladungsinteressenten erstrebt. In einzelnen Staaten seien in dieser Richtung schon gesetzliche Vorschriften erlassen worden.

Ein Interesse, den Schiffshypothekenkredit durch Einschränkung der Privilegien zu heben, bestehe nach dem Gutachten der Sachverständigen für Deutschland nicht. Es sei auch sehr zweifelhaft, ob die Beseitigung des Ladungsprivilegs in dieser Hinsicht von entscheidendem Einflusse sein werde. Denn eine volle Sicherheit werde eine Hypothek an einem Schiffe niemals bieten können.

V.

Die Entwürfe enthalten bisher keine Vorschrift, wonach die neuen Bestimmungen auch in den Kolonien der Vertragsstaaten zur Anwendung kämen. Von deutscher Seite ist aber im Laufe der Verhandlungen betont worden, daß großer Wert darauf zu legen sein werde, daß die Einführung der neuen Grundsätze in den Kolonien, falls es demnächst zum Abschluß eines Staatsvertrages komme, nicht lediglich der nationalen Gesetzgebung überlassen bleibe, sondern kraft internationaler Vereinbarung erfolge.

VI.

Im einzelnen ist zu den Vorentwürfen noch folgendes zu bemerken:

1. Zu den Entwürfen über die beschränkte Haftung des Reeders.

Die Überschrift ist in gleicher Weise gefaßt wie die der bereits gezeichneten Verträge über den Zusammenstoß und über die Bergung und Hilfsleistung. Aus ihr ergibt sich, daß es sich nicht um eine erschöpfende Regelung aller die beschränkte Haftung betreffenden Rechtsfragen handelt, ergänzende Vorschriften der nationalen Gesetze vielmehr unberührt bleiben.

Die Fracht, mit welcher der Reeder den beschränkt berechtigten Gläubigern haftet, ist nach dem Entwurf A (Artikel 1, 2) in Übereinstimmung mit dem deutschen Rechte die Bruttofracht der ganzen Reise (Handelsgesetzbuch § 756). Die Vorschrift, daß der Reeder auch mit der schon eingezogenen Fracht haftet, entspricht gleichfalls dem Handelsgesetzbuche (§ 771 Abs. 4). Über die Frage, ob im Falle eines Chartervertrags die Konnossements- oder die Charterfracht haftet, ist keine ausdrückliche Bestimmung getroffen; die Entscheidung bleibt, wie im geltenden Rechte, den Gerichten überlassen. Die Haftung erstreckt sich nach Artikel 2 Satz 2 auf die Überfahrtsgelder (Handelsgesetzbuch § 677) und auf die Liegegelder. Nach Artikel 3 ergreift sie ferner die Ersatzansprüche, die der Reeder während der Reise wegen Beschädigung des Schiffes oder wegen Verlustes der Fracht nach den Grundsätzen über unerlaubte Handlungen oder nach den Vorschriften über die große Haverei erwirbt (vergl. Handelsgesetzbuch § 775). Eine Abweichung vom deutschen Rechte enthält die Vorschrift, daß auch die Ansprüche auf Berge- oder Hilfslohn in das den Gläubigern haftende Schiffsvermögen fallen, dagegen stimmt es wiederum mit dem deutschen Rechte überein, daß die Forderungen aus Versicherungsverträgen nicht dazu gehören sollen.

Im Artikel 4 des Entwurfs B ist die Haftung der Fracht zum Teil anders geregelt als im Entwurf A, insbesondere ist in den Entwurf B der Grundsatz nicht übernommen, daß allen beschränkt berechtigten Gläubigern die während der gesamten Reise entstandenen Frachtforderungen haften. Dies steht im Zusammenhange damit, daß der Entwurf B bei der Regelung der Haftungsbeschränkung nicht von der Reise, sondern von dem einzelnen Ereignis ausgeht. Ob die Vorschriften des Artikel 4 des Entwurfs B immer zu angemessenen Ergebnissen führen, insbesondere bei Ladungsschäden, deren Entstehungszeit nicht oder nur mit Schwierigkeiten festgestellt werden kann, oder bei Ansprüchen aus Geschäften, die der Kapitän in Notfällen abgeschlossen hat, wird einer näheren Prüfung bedürfen. Nach Artikel 3 des Entwurfs über die Schiffsprivilegien erstreckt sich das Privileg der Schiffsgläubiger in Übereinstimmung mit dem Entwurf A auf die Fracht der Reise, während deren die Forderung entstanden ist.

Auch die Vorschriften, die der Artikel 5 des Entwurfs B über die als Zubehör von Schiff und Fracht haftenden Ansprüche enthält, weichen vom Entwurf A (Artikel 3) ab. Hervorzuheben ist, daß nach der gegenwärtigen Fassung des Artikel 5 ein Ersatzanspruch, den der Reeder nach Entstehung einer die beschränkte Haftung begründenden Forderung wegen einer Beschädigung des Schiffes erwirbt (Artikel 5 Nr. 2, 3), dem beschränkt berechtigten Gläubiger selbst dann nicht haften würde, wenn für die Haftungsbeschränkung nicht der Wert des Schiffes unmittelbar nach der Entstehung der Forderung, sondern der Wert am Ende der Reise (Artikel 2 lit. c) maßgebend ist.

Nach Artikel 4 des Entwurfs A ist der Reeder, falls an Schiff oder Fracht ein Vorzugsrecht zu Gunsten von Gläubigern besteht, denen er persönlich haftet, verpflichtet, die Werte, auf die seine Haftung gegenüber den im Artikel 1 bezeichneten Gläubigern beschränkt ist, um den Betrag der von den unbeschränkt berechtigten Gläubigern vorweg erhobenen Summen zu erhöhen. Die Vorschrift greift namentlich Platz, wenn das Schiff mit Hypotheken belastet ist, durch die solchen beschränkt berechtigten Gläubigern, denen nach dem Entwurf über die Privilegien kein Privileg zusteht, die Befriedigung aus dem Schiffe und der Fracht unmöglich gemacht wird (oben S. 21 ff). Daneben ist sie auch dann anwendbar, wenn für eine Forderung, für die der Reeder persönlich haftet, zum Beispiel für einen Anspruch aus dem Heuervertrage (Artikel 12), ein Privileg besteht und infolge des Vorrangs dieses Privilegs ein beschränkt berechtigter Gläubiger keine Befriedigung aus Schiff und Fracht erhalten kann.

Wegen der Artikel 5 bis 7 des Entwurfs A ist im allgemeinen auf das oben unter II Bemerkte zu verweisen (S. 9 ff.). Nach Artikel 6 steht dem Reeder das Recht, sich durch Zahlung von 8 Pfund für die Bruttotonne des Schiffes zu befreien, nur insoweit zu, als es sich um die im Artikel 1 Nr. 1 bis 4 bezeichneten Forderungen handelt, dagegen hat er diese Befugnis nicht gegenüber den unter Nr. 5 bis 7 aufgeführten Ansprüchen. Im Entwurf B (Artikel 1 Abs. 2) ist die gleiche Unterscheidung gemacht. Sie beruht auf der Erwägung, daß die Beschränkung der Haftung auf 8 Pfund in den Entwürfen mit Rücksicht auf das geltende englische Recht vorgesehen ist, dort aber nur bei Schadensersatzansprüchen stattfindet. Bei den unter 5 bis 7 aufgeführten Forderungen würde eine solche Haftungsbeschränkung auch zu unangemessenen Ergebnissen führen.

Im Artikel 8 des Entwurfs A sind entsprechend dem früher Ausgeführten (S. 13, 14) die Voraussetzungen geregelt, unter denen eine persönliche Haftung des Reeders eintritt, wenn das Schiff nach einem Zusammenstoß oder einer Hilfsleistung oder Bergung ohne Zahlung der dadurch begründeten Verbindlichkeiten den ersten Zwischen- oder Nothafen verläßt. Dabei ist im Abs. 1 noch eine besondere Bestimmung für den Fall getroffen, daß das Schiff im Zwischenhafen ausgebessert worden ist; bei der Frage, ob der Wert des Schiffes zur Zeit des Verlassens des Hafens zur Deckung der bezeichneten Verbindlichkeiten ausgereicht haben würde, soll die durch die Ausbesserungen begründete Werterhöhung unberücksichtigt bleiben. Die auf Artikel 8 beruhende persönliche Haftung des Reeders wird daher durch die Vornahme der Reparaturen nicht erhöht. Die Haftung mit dem Schiffe ergreift dagegen das Schiff, wie nach dem geltenden Rechte, in seinem jeweiligen Zustande.

Während der Artikel 8 voraussetzt, daß das Schiff den Zwischen- oder Nothafen verläßt, den es im Laufe der Reise aufgesucht hat, regelt der Artikel 9 des Entwurfs A die Wirkungen, die der Antritt einer neuen Reise auf die Haftung des Reeders ausübt. Die hier gegebenen Vorschriften beruhen auf der Erwägung, daß die Gläubiger einer früheren Reise durch den Antritt einer neuen Reise nicht geschädigt werden dürfen. Der § 774 des Handelsgesetzbuchs geht von dem gleichen Gedanken aus, wenngleich er von dem Artikel 9, der seinerseits mit den Vorschriften des Artikel 8 Abs. 1 übereinstimmt, in einzelnen Beziehungen abweicht.

Wegen der Vorschriften über den Arrest (Entw. A Art. 10, Entw. B Art. 6) ist auf S. 11 zu verweisen.

Im Artikel 11 Abs. 2 des Entwurfs A und im Artikel 7 Abs. 2 des Entwurfs B ist bestimmt, daß die beschränkte Haftung nicht Platz greift bei Forderungen aus einem Verschulden des Reeders (Handelsgesetzbuch § 486 Abs. 2). Doch soll der Reeder, der sein Schiff selbst führt, in Übereinstimmung mit dem deutschen Binnenschiffahrtsgesetze für sein nautisches Verschulden des Vorteils der beschränkten Haftung teilhaftig werden; eine ausdrückliche Vorschrift, daß diese Vergünstigung bei einer böslichen Handlungsweise des Reeders wegfällt (Binnenschiffahrtsgesetz § 4 Abs. 2), ist nicht für erforderlich erachtet worden.

Nach § 486 Abs. 1 Nr. 1 des Handelsgesetzbuchs haftet der Reeder aus einem Rechtsgeschäfte des Kapitäns unbeschränkt, wenn dieser das Geschäft mit bezug auf eine besondere Vollmacht des Reeders abgeschlossen hat. Eine entsprechende Vorschrift enthalten die Brüsseler Entwürfe (Entw. A Art. 11 Abs. 3, Entw. B Art. 7 Abs. 3), nur gehen sie insofern weiter als das Handelsgesetzbuch, als sie die unbeschränkte Haftung nicht nur dann eintreten lassen, wenn der Kapitän der anderen Vertragspartei gegenüber sich auf die Vollmacht berufen hat, sondern schon dann, wenn ihm vom Reeder die Ermächtigung zum Abschlusse des Geschäfts erteilt worden ist. Eine Abweichung vom geltenden Rechte enthält auch der Artikel 1 Nr. 5, insofern er bei der Bergung und Hilfsleistung die Beschränkung der Haftung ausschießt, wenn ein mit Ermächtigung des Reeders geschlossener Vertrag vorliegt (vergl. Hanseat. Gerichtszeit. 1894 S. 193).

Die unbeschränkte Haftung des Reeders für die Ansprüche der Schiffsbesatzung aus den Dienstverträgen (Entw. A Art. 12, Entw. B Art. 9) ist schon im deutschen Rechte anerkannt (Handelsgesetzbuch § 487).

Der Artikel 13 des Entwurfs A und der Artikel 10 des Entwurfs B entscheiden nicht, unter welchen Voraussetzungen im Falle eines Ausrüsterverhältnisses (Handelsgesetzbuch § 510) sowie im Falle von Unterfrachtverträgen (§ 662) den Eigentümer oder den Ausrüster und den Unterverfrachter eine Haftung trifft, vielmehr wird hier lediglich vorgesehen, daß dem Ausrüster und dem Unterverfrachter, wenn sie nach den nationalen Gesetzen haften, die Bestimmungen über die Beschränkung der Haftung zugute kommen.

Das sachliche Herrschaftsgebiet der internationalen Vorschriften ist im Artikel 15 des Entwurfs A und im Artikel 12 des Entwurfs B dahin abgegrenzt, daß sie grundsätzlich in jedem Vertragsstaat allen Beteiligten gegenüber zur Anwendung zu bringen sind, wenn einer der Beteiligten einem anderen Vertragsstaat angehört. Gehören die sämtlichen Beteiligten demselben Staate, wie das mit der Sache befaßte Gericht, oder einem Nichtvertragsstaat an, so bleiben die nationalen Gesetze maßgebend. Übrigens dürfte sich, wenn die Entwürfe zum Abschlusse von Staatsverträgen führen sollten, für die Vertragsstaaten von selbst die Notwendigkeit ergeben, auch das nationale Recht den neuen internationalen Vorschriften anzupassen.

2. Zu dem Entwurf über Hypotheken und Privilegien an Seeschiffen.

Der Artikel 1 des Entwurfs bringt den Grundsatz zur Geltung, daß die Hypothek an einem Seeschiffe, die nach dem Rechte des Heimatstaates des Schiffes gehörig begründet und in einem öffentlichen Register eingetragen ist, in allen Vertragsstaaten anerkannt werden muß (zu vergl. Entsch. des Reichsgerichts in Zivilsachen Bd. 45 S. 276).

Die Schlußworte des Artikel 1, wonach die Hypotheken in allen Vertragsländern dieselbe Wirkung haben sollen, „wie in dem Lande, dessen Flagge das Schiff führt“, sind von deutscher und anderer Seite als zu weitgehend und in ihrer Tragweite nicht übersehbar angefochten worden. Es wurde geltend gemacht, daß, wenn beispielsweise das Gesetz der Flagge eine Bestimmung enthalte, wonach der Verkauf eines mit Hypotheken belasteten Schiffes nur mit Zustimmung der Gläubiger gültig sei, dieser Vorschrift unmöglich bei einem außerhalb des Heimatlandes des Schiffes erfolgten Verkaufe ohne weiteres Wirksamkeit beigelegt werden könne. Anderseits genüge es für die Bedürfnisse des Verkehrs, auszusprechen, daß die nach dem Rechte eines Landes begründeten und gehörig eingetragenen Hypotheken in jedem anderen Vertragsstaat anerkannt würden. Die Konferenz sprach sich indessen in ihrer Mehrheit für die Aufrechterhaltung der Worte aus; einzelne Einschränkungen sind in der Anmerkung vorbehalten worden.

Zum Artikel 2 ist auf § 776 des Handelsgesetzbuchs zu verweisen.

Die Vorschriften des Artikel 3 sind im allgemeinen schon oben (Nr. IV, S. 19ff) erörtert worden. Das Wort „eingeschifft“ im Artikel 3 Nr. 2 (personnes embarquées au service du navire) soll klarstellen, daß die Stauer kein Privileg am Schiffe haben. Der Zusatz am Schlusse der Nr. 4, wonach es keinen Unterschied begründet, ob die Forderung dem Kapitän zusteht oder dem liefernden oder darleihenden Dritten oder sonstigen Vertragschließenden, trägt den englischen Verhältnissen Rechnung. In England steht gegenwärtig das Privileg für Reparaturen und Lieferungen nicht dem Dritten zu, mit dem der Kapitän das Geschäft abschließt, sondern dem Kapitän, der sich dem Dritten gegenüber persönlich verpflichtet oder persönlich das Geld vorschießt und dafür einen Ersatzanspruch an den Reeder hat.

Die Bestimmungen des Entwurfs über den Rang der Privilegien untereinander (Artikel 4, 5 in Verbindung mit Artikel 3) schließen sich im wesentlichen den Grundsätzen des Handelsgesetzbuchs an (§ 766, § 767 Abs. 1 bis 3, § 768 Nr. 1 bis 3, 5, § 769 Abs. 1 bis 3). Als Neuerung gegenüber dem deutschen Rechte ist hervorzuheben, daß nach dem Vorgange mehrerer ausländischer Gesetzgebungen der Berge- und Hilfslohn sowie die Beiträge zur großen Haverei den Vorrang vor den Forderungen aus den vom Kapitän in Notfällen geschlossenen Rechtsgeschäften erhalten haben und daß die Lotsengelder, mögen sie den Charakter von öffentlichen Abgaben haben oder nicht, in die erste Klasse gesetzt worden sind.

Nach Artikel 6 Nr. 1 sollen die Privilegien im allgemeinen mit dem Ablauf eines Jahres von der Einklagbarkeit (exigibilité) der Forderung an erlöschen (vergl. wegen des geltenden Rechtes Handelsgesetzbuch §§ 901, 903). Hierzu ist im Bericht in Ansehung der Forderungen der Schiffsbesatzung festgestellt, daß die Befugnis, Vorschuß- und Abschlagszahlungen auf die Heuer zu verlangen, die Heuer im Sinne dieser Vorschrift nicht zu einer einklagbaren macht (zu vergl. Handelsgesetzbuch § 903 Nr. 1). In den bereits abgeschlossenen Staatsverträgen ist für die Verjährung der Forderungen aus einem Zusammenstoße von Schiffen sowie aus Bergung und Hilfsleistung eine zweijährige Frist vorgesehen und dabei zugleich bestimmt, daß in bezug auf die Gründe für die Hemmung und Unterbrechung des Fristenlaufs das Recht des mit der Sache befaßten Gerichts maßgebend sein soll; einem von englischer Seite gestellten Antrag entsprechend, ist ferner noch hinzugefügt worden, daß sich die Vertragsstaaten das Recht vorbehalten, in ihrer Gesetzgebung als Grund für eine Verlängerung der Frist den Umstand zuzulassen, daß das Schiff in den Hoheitsgewässern des Staates, in dem der Kläger seinen Wohnsitz oder seine Hauptniederlassung hat, nicht hat beschlagnahmt werden können. Die Brüsseler Grundzüge von 1909 enthielten über die Hemmung und Unterbrechung der Fristen, mit deren Ablaufe die Privilegien erlöschen, entsprechende Vorschriften. In dem jetzt vorliegenden Entwurfe sind diese Bestimmungen weggelassen worden. Die im Artikel 6 bestimmte Frist bezieht sich übrigens nur auf das Privileg selbst. Für die Verjährung der durch das Privileg gesicherten Forderung bleiben, soweit nicht die Vorschriften der Abkommen über den Schiffszusammenstoß und die Bergung Platz greifen, die nationalen Gesetze in Kraft.

Im Laufe der Brüsseler Verhandlungen ist noch angeregt worden, die Gründe für das Erlöschen der Privilegien in der Konvention erschöpfend zu regeln und namentlich eine Entscheidung darüber zu treffen, ob und unter welchen Voraussetzungen, abgesehen von den Fällen eines gerichtlichen Verkaufs (Artikel 6 Nr. 2), die Veräußerung des Schiffes ein Erlöschen der Privilegien nach sich ziehen kann. Die Frage ist der weiteren Prüfung vorbehalten geblieben.

Der Artikel 7, demzufolge das Privileg an der Fracht und an den im Artikel 10 bezeichneten Ansprüchen ausgeübt werden kann, solange der Betrag der Forderung noch geschuldet ist oder sich noch in den Händen des Schiffers oder des Agenten des Reeders befindet, schließt sich an den § 771 Abs. 1 des Handelsgesetzbuchs an; nur ist neben dem Schiffer, mit Rücksicht auf die heutigen Verhältnisse, noch der Agent dee Reeders genannt.

Zu den im Artikel 8 Abs. 2 aufrechterhaltenen landesrechtlichen Formvorschriften gehören die Bestimmungen über die Form des Bodmereivertrags. Die Bodmerei fällt unter den Artikel 1 Nr. 7 des Entwurfs über die beschränkte Haftung sowie unter den Artikel 3 Nr. 4 des Entwurfs über die Privilegien. Soweit die Voraussetzungen des genannten Artikel 3 Nr. 4 nicht vorliegen, kann ein Privileg an Schiff und Fracht auch im Wege der Bodmerei nicht begründet werden, auch wird die Fracht der Bodmereireise nur insoweit dem Privileg unterliegen als die Bodmereireise nicht länger dauert als die Reise im Sinne des internationalen

Rechtes. Der Berichterstatter der Kommission hat noch bemerkt, daß es künftig nicht zulässig sein solle, das Privileg nur auf Grund einer äußeren Wahrscheinlichkeit der Rechtmäßigkeit des Darlehns zu gewähren, da der an die Erfüllung bestimmter Förmlichkeiten geknüpfte Glaube nicht immer gerechtfertigt sei. Es fragt sich, ob hierdurch auch die durch Gegenbeweis widerlegbare Vermutung, die der § 685 des Handelsgesetzbuchs aufstellt, hat beseitigt werden sollen. Bei der geringen praktischen Bedeutung der Bodmerei und bei der freien Beweiswürdigung dürfte freilich einerhebliches Gewicht auf die Aufrechterhaltung der Vorschrift nicht zu legen sein.

Der Artikel 9 sichert den Privilegien ihre Anwendbarkeit für den Fall, daß ein anderer als der Eigentümer das Schiff zur Seefahrt verwendet (zu vergl. Artikel 13 des Entwurfs A und Artikel 10 des Entwurfs B, betreffend die beschränkte Haftung, sowie § 510 des Handelsgesetzbuchs).

Während nach dem Entwurf über die beschränkte Haftung (Entwurf A Artikel 2, Entwurf B Artikel 5 Abs. 1 Nr. 1) der Reeder auch mit den Liegegeldern haftet, ist im Artikel 10 des Entwurfs über die Privilegien davon abgesehen worden, das Privileg der Gläubiger auf die Liegegelder zu erstrecken. Man ist dabei von der Auffassung ausgegangen, daß der Gläubiger an einer solchen Ausdehnung des Privilegs praktisch kein Interesse habe, weil die Liegegelder eine Quelle von Prozessen seien. Es ist deshalb auch angeregt worden, den Entwurf über die beschränkte Haftung entsprechend zu ändern.

Der Artikel 12, demzufolge alle Staatsschiffe, ohne Rücksicht auf den Zweck, dem sie dienen, von dem Abkommen über die Schiffshypotheken und Schiffsprivilegien ausgeschlossen bleiben, beruht auf Erwägungen staats- und völkerrechtlicher Natur.

AVANT-PROJET DE CONVENTION INTERNATIONALE
pour
l'unification de certaines règles concernant la limitation de la responsabilité des propriétaires de navires de mer.

Avant-Projet A

Article Premier.

Le propriétaire d'un navire n'est tenu que sur le navire, sur le fret et sur les accessoires du navire et du fret, afférents au voyage:

1° Des indemnités dues à des tiers à raison de dommages causés sur terre ou sur l'eau, par les faits et fautes du capitaine, de l'équipage, du pilote, ou de toute autre personne au service du navire;

2° Des indemnités dues à raison de dommages causés à la cargaison remise au capitaine pour être transportée, ou à raison de dommages causés à tous biens et objets se trouvant à bord;

3° Des obligations résultant des connaissements signés par le capitaine;

4° Des indemnités dues à raison d'une faute nautique dans l'exécution d'un contrat;

5° Des indemnités d'assistance et de sauvetage, dont l'obligation a été contractée sans son autorisation;

6° De la contribution aux avaries communes dues par le navire;

7° Des obligations résultant des contrats passés ou des opérations effectuées par le capitaine en vertu de ses pouvoirs

(Übersetzung.)

Vorentwurf eines internationalen Übereinkommens

zur

einheitlichen Feststellung einzelner Regeln über die Beschränkung der Haftung der Eigentümer von Seeschiffen.

Vorentwurf A.

Artikel 1.

Der Schiffseigentümer haftet nur mit dem Schiffe sowie mit der Fracht der Reise und dem auf die Reise sich beziehenden Zubehöre von Schiff und Fracht:

1. für Ersatzansprüche Dritter wegen Schäden, die zu Lande oder zu Wasser durch Handlungen und Versehen des Kapitäns, der Schiffsoffiziere und der Schiffsmannschaft, des Lotsen oder einer anderen im Dienste des Schiffes stehenden Person verursacht sind;
2. für Ersatzansprüche wegen Beschädigung der dem Kapitän zur Beförderung übergebenen Ladung oder wegen Beschädigung der an Bord befindlichen Güter und Gegenstände;
3. für Verbindlichkeiten aus den vom Kapitän gezeichneten Konnossementen;
4. für Schadenersatzansprüche aus einem nautischen Verschulden bei Ausführung eines Vertrags;
5. für die Vergütung für Hilfsleistung und Bergung, sofern die Verbindlichkeit ohne Ermächtigung des Schiffseigentümers eingegangen ist;
6. für die Beiträge des Schiffes zur großen Haverei;
7. für Ansprüche aus Verträgen oder Geschäften, die der Kapitän kraft seiner gesetzlichen Befugnisse in

légaux, en cas de nécessité, hors du port d'attache du navire, pour les besoins réels de la conservation du navire ou de la continuation du voyage.

Article 2.

Le fret visé à l'article 1er s'entend du fret brut, sans déduction, payé ou encore dû, depuis le début du voyage. Le prix du passage et les surestaries lui sont assimilés.

Article 3.

Les accessoires du navire et du fret, visés à l'article 1er, comprennent:

1° Les indemnités payées ou dues au propriétaire à raison de dommages matériels subis par le navire et non réparés ou pour pertes de fret;

2° Les indemnités payées ou dues au propriétaire pour avaries communes, en tant que celles-ci constituent, soit des dommages matériels subis par le navire et non réparés, soit des pertes de fret;

3° Les sommes payées ou dues au propriétaire pour assistance ou sauvetage, déduction faite des sommes allouées au capitaine et autres personnes au service du navire.

Ne sont pas considérés comme accessoires du navire ou du fret les indemnités payées ou dues au propriétaire en vertu de contrats d'assurance, non plus que les primes, subventions ou autres subsides nationaux.

Article 4.

S'il existe un droit de préférence sur le navire ou sur le fret en faveur de créanciers à l'égard desquels la limitation de la responsabilité n'est pas admise, le propriétaire du navire sera personnellement tenu de compléter en espèces, jusqu'à concurrence des sommes prélevées par ces créanciers, les valeurs formant la limite de sa responsabilité.

Notfällen außerhalb des Heimatshafens des Schiffes innerhalb der Grenzen des wirklichen Bedürfnisses zur Erhaltung des Schiffes oder zur Fortsetzung der Reise geschlossen oder vorgenommen hat.

Artikel 2.

Fracht im Sinne des Artikel 1 ist die Bruttofracht vom Beginne der Reise an, ohne Abzug, mag sie schon gezahlt sein oder noch geschuldet werden. Überfahrts- und Liegegelder stehen der Fracht gleich.

Artikel 3.

Das Zubehör von Schiff und Fracht im Sinne des Artikel 1 umfaßt:

1. die Schadensersatzbeträge, die dem Schiffseigentümer für einen Sachschaden, der dem Schiffe zugestoßen und noch nicht ausgebessert ist, oder für Frachtverlust gezahlt worden sind oder geschuldet werden;
2. die dem Eigentümer gezahlte oder geschuldete Vergütung für große Haverei, mag die Haverei in einem Sachschaden, der dem Schiffe zugefügt und noch nicht ausgebessert ist, oder in Frachtverlust bestehen;
3. die dem Eigentümer für Hilfsleistung oder Bergung geschuldeten oder gezahlten Beträge, unter Abzug der Summen, die dem Kapitän und den anderen im Dienste des Schiffes stehenden Personen zukommen.

Als Zubehör des Schiffes oder der Fracht gelten nicht die dem Eigentümer auf Grund eines Versicherungsvertrags gezahlten oder geschuldeten Vergütungen sowie die Prämien, Subventionen und anderen Staatsunterstützungen.

Artikel 4.

Besteht an Schiff oder Fracht ein Vorzugsrecht zu Gunsten von Gläubigern, in Ansehung deren die Beschränkung der Haftung nicht Platz greift, so ist der Schiffseigentümer persönlich verpflichtet, die Werte, auf die seine Haftung beschränkt ist, um den Betrag der von den bezeichneten Gläubigern vorweg erhobenen Summen in Geld zu ergänzen.

Article 5.

Dans les cas où sa responsabilité est limitée conformément à l'article 1er, le propriétaire peut substituer au navire sa valeur à la fin du voyage.

Article 6.

Dans les cas prévus aux numéros 1°, 2°, 3° et 4° de l'article 1, le propriétaire a la faculté de libérer le navire, le fret et leurs accessoires, par le payement d'une somme de 8 livres sterling par tonne de jauge brute de son navire. En cas de pluralité de sinistres ou d'événements donnant lieu à responsabilité, le paiement de la dite somme est affecté au profit de chacune des masses de créanciers dont les créances dérivent d'un même sinistre ou événement.

Article 7.

On entend par voyage pour l'application de la présente convention le voyage pour lequel le navire a été armé et équipé, ou que le navire a entrepris en exécution d'un contrat d'affrètement, ou qu'il a effectué après débarquement complet de ses marchandises, avec ou sans nouvelle cargaison.

Article 8.

Si à la suite, soit d'un abordage, soit d'un sauvetage ou d'une assistance, il existe de ce chef des créanciers auxquels la limitation de la responsabilité peut être opposée, et si le navire entre dans un port d'escale ou de relâche, le propriétaire est personnellement responsable vis-à-vis d'eux du préjudice que leurs créances pourraient subir par le fait que le navire, après la sortie du port, a été ultérieurement détérioré ou grevé de nouvelles dettes. Cette responsabilité cesse si l'intérêt des créanciers a exigé la sortie. En pareil cas, la valeur du navire avant la sortie est, sauf preuve con-

Artikel 5.

Der Eigentümer hat in den Fällen, in denen seine Haftung gemäß Artikel 1 beschränkt ist, das Recht, an die Stelle des Schiffes dessen Wert zur Zeit der Beendigung der Reise zu setzen.

Artikel 6.

Der Eigentümer hat in den im Artikel 1 Nr. 1, 2, 3 und 4 vorgesehenen Fällen das Recht, Schiff und Fracht sowie deren Zubehör durch Zahlung einer Summe zu befreien, die 8 Pfund Sterling auf die Tonne des Bruttoraumgehalts seines Schiffes beträgt. Haben mehrere Unfälle oder Ereignisse Anlaß zu einer Haftung gegeben, so hat die Zahlung der bezeichneten Summe zu Gunsten jeder Gruppe von Gläubigern zu erfolgen, deren Forderungen aus demselben Unfall oder Ereignisse herrühren.

Artikel 7.

Als Reise gilt bei der Anwendung dieses Übereinkommens die Reise, für die das Schiff ausgerüstet und bemannt worden ist, oder die von dem Schiffe in Ausführung eines Frachtvertrags unternommen oder von ihm nach vollständiger Löschung seiner Waren mit oder ohne neue Ladung ausgeführt worden ist.

Artikel 8.

Entstehen aus einem Zusammenstoß oder aus einer Bergung oder Hilfsleistung Forderungen, denen gegenüber sich der Eigentümer auf die Beschränkung der Haftung berufen kann, und läuft das Schiff einen Zwischen- oder Nothafen an, so haftet der Eigentümer persönlich für den Schaden, den die Gläubiger dieser Forderungen dadurch erleiden, daß das Schiff nach dem Verlassen des Hafens verschlechtert oder mit neuen Schulden belastet worden ist. Diese Haftung fällt weg, wenn das Auslaufen durch das Interesse der Gläubiger geboten war. In dem bezeichneten Falle wird, vorbehaltlich des Gegenbeweises, vermutet, daß der Wert, den das Schiff vor dem Auslaufen hatte, zur Befriedigung der

traire, présumée avoir été suffisante pour désintéresser les créanciers primitifs. La plus-value résultant des réparations effectués au port d'escale ou de relâche ne profite pas à ces créanciers.

D'autre part, vis-à-vis des personnes qui, après que le navire a quitté le port d'escale ou de relâche, acquièrent une créance à l'égard de laquelle la limitation de la responsabilité est admise, le propriétaire est personnellement responsable du préjudice qu'elles subissent par le fait que le navire n'a pas été libéré des dettes antérieures, du chef d'abordage, de sauvetage et d'assistance.

Les dispositions précédentes sont également applicables, lorsque, soit le sauvetage ou l'assistance, soit l'abordage, se produisent dans un port où le navire se trouve pendant le voyage.

Article 9.

Le propriétaire peut prendre dans l'intérêt de qui il appartiendra toute mesure utile en ce qui touche le navire, sans être déchu du droit d'exercer les options prévues par les dispositions précédentes.

Si, après la fin du voyage, le propriétaire expédie le navire pour un nouveau voyage, sans que l'exige l'intérêt des créanciers auquels la limitation de la responsabilité peut être opposée, il est personnellement responsable du préjudice pouvant résulter pour les dits créanciers de ce que le navire, au cours de ce nouveau voyage, est grevé de nouvelles dettes ou détérioré. En pareil cas, la valeur du navire avant la sortie est, sauf preuve contraire, présumée avoir été suffisante pour désintéresser ces créanciers.

Article 10.

Les dispositions précédentes ne portent pas atteinte au droit des créanciers de saisir le navire.

früheren Gläubiger ausgereicht haben würde. Der Mehrwert, der von Ausbesserungen herrührt, die im Zwischen- oder Nothafen vorgenommen worden sind, kommt diesen Gläubigern nicht zu statten.

Andererseits ist der Eigentümer den Personen, welche eine Forderung, hinsichtlich deren die Beschränkung der Haftung Platz greift, erworben haben, nachdem das Schiff den Zwischen- oder Nothafen verlassen hat, persönlich für den Schaden verantwortlich, den sie dadurch erleiden, daß das Schiff nicht von früheren aus einem Zusammenstoß oder aus einer Bergung oder Hilfsleistung herrührenden Schulden befreit worden ist.

Die vorstehenden Bestimmungen finden auch Anwendung, wenn die Bergung oder Hilfsleistung oder der Zusammenstoß in einem Hafen stattfindet, in dem sich das Schiff während der Reise befindet.

Artikel 9.

Der Eigentümer kann im Interesse dessen, den es angeht, jede nützliche Maßregel in betreff des Schiffes vornehmen, ohne das in den vorstehenden Bestimmungen vorgesehene Wahlrecht zu verlieren.

Sendet der Eigentümer das Schiff nach Beendigung der Reise auf eine neue Reise, ohne daß das Interesse der Gläubiger, denen er beschränkt haftet, es erfordert, so haftet er diesen Gläubigern persönlich für den Schaden, den sie dadurch erleiden, daß das Schiff im Laufe der neuen Reise mit neuen Schulden belastet oder verschlechtert wird. In einem solchen Falle wird, vorbehaltlich des Gegenbeweises, vermutet, daß der Wert, den das Schiff bei dem Auslaufen hatte, zur Befriedigung der Gläubiger ausgereicht haben würde.

Artikel 10.

Das Recht der Gläubiger, das Schiff mit Beschlag zu belegen, wird durch die vorstehenden Bestimmungen nicht berührt.

La garantie donnée pour obtenir mainlevée de la saisie est acquise au créancier saisissant dans les termes où elle a été donnée et ne sera ni modifié par les événements ultérieurs, ni invoquée pour restreindre les droits d'autres créanciers.

Article 11.

Les dispositions précédentes s'appliquent à l'obligation d'enlever l'épave du navire coulé et aux responsabilités s'y rattachant.

Elles ne s'appliquent pas aux obligations dérivant de fautes du propriétaire. Si le propriétaire ou le co-propriétaire du navire est en même temps le capitaine, il ne peut invoquer la limitation de sa responsabilité pour ses fautes autres que ses fautes nautiques et les fautes des personnes au service du navire.

Les dispositions des 3° et 7° de l'article 1er ne sont pas applicables si le propriétaire a autorisé ou ratifié les contrats dont s'agit dans ces dispositions.

Article 12.

Dans tous les cas, le propriétaire est tenu sans limitation des obligations résultant de l'engagement des gens de mer et autres personnes au service du navire.

Article 13.

Les dispositions de la présente convention profitent à l'armateur qui n'a pas la propriété du navire ou, en cas de sous-affrêtement, à l'affréteur principal comme au propriétaire lui-même.

Die Sicherheit, die zur Erwirkung der Aufhebung des Arrestes geleistet worden ist, steht dem beschlagnehmenden Gläubiger unter den Bedingungen zu, unter denen sie gegeben ist; sie wird durch spätere Ereignisse nicht berührt und kann nicht zum Nachteil anderer Gläubiger geltend gemacht werden.

Artikel 11.

Die vorstehenden Bestimmungen finden Anwendung auf die Verpflichtung, das Wrack eines gesunkenen Schiffes zu beseitigen und auf die damit zusammenhängenden Verbindlichkeiten.

Sie finden keine Anwendung auf Verbindlichkeiten, die aus einem Verschulden des Eigentümers herrühren. Ist der Eigentümer oder Miteigentümer des Schiffes zugleich Kapitän, so kann er sich nur für sein nautisches Verschulden und das Verschulden der im Dienste des Schiffes stehenden Personen auf die Beschränkung seiner Haftung berufen.

Die Bestimmungen des Artikel 1 Nr. 3 und 7 finden keine Anwendung, wenn der Eigentümer zu den Verträgen, um die es sich in diesen Vorschriften handelt, Vollmacht erteilt oder wenn er sie genehmigt hat.

Artikel 12.

In allen Fällen haftet der Eigentümer unbeschränkt für die Ansprüche aus der Anstellung der Schiffsmannschaft und der sonstigen im Dienste des Schiffes stehenden Personen.

Artikel 13.

Die Vorschriften dieses Übereinkommens finden zugunsten des Ausrüsters, der nicht Eigentümer des Schiffes ist, oder im Falle der Unterverfrachtung zugunsten des Unterverfrachters in der gleichen Weise wie zugunsten des Eigentümers selbst Anwendung.

Article 14.

(Dommages corporels et vies humaines) (1).

Article 15.

Les dispositions de la présente convention seront appliquées dans chaque Etat contractant lorsque l'une des parties interessées est ressortissante d'un autre Etat contractant ainsi que dans les autres cas prévus par les lois nationales.

Toutefois le principe formulé dans l'alinéa précédent ne porte pas atteinte au droit des Etats contractants de ne pas appliquer les dispositions de la présente convention en faveur des ressortissants d'un Etat non contractant.

---

(1) Dans cet article figureront les dispositions relatives aux actions pour mort ou blessures, soit que l'on restreigne le traité aux dommages matériels, soit que l'on règle la limitation quant aux dommages corporels.

Le texte des bases de Bruxelles, rédigé en vue de la première hypothèse, est conçu comme suit:

«La présente convention est sans application aux réclamations pour pertes de vies humaines ou dommages corporels, lesquels continuent à être régis exclusivement par les lois nationales.»

La formule suivante a été proposée comme répondant aux vues de diverses Délégations:

«Lorsqu'un accident dû à la faute du capitaine, de l'équipage ou de toute autre personne au service du navire a entrainé mort d'hommes ou blessures corporelles, le propriétaire du navire est, vis-à-vis des victimes ou ayants cause, tenu, au delà de la limite de responsabilité prévue à l'article 1er jusqu'à concurrence de 7 liv. st. par tonne de jauge brute du navire; si cette somme ne suffit pas à faire face aux indemnités dues auxdites victimes ou ayants cause, celles-ci viennent pour le surplus sur la valeur de navire ou le cas échéant sur les 8 liv st. prévues à l'article 1er, dernier alinéa, en concours aves les autres créanciers.

«La responsabilité du propriétaire de navire vis-a-vis des personnes au service du navire et le règlement des indemnités qui peuvent leur être dues en pareil cas, sont régis par la loi nationale du navire.»

Artikel 14.

(Körperverletzungen und Verlust von Menschenleben.)[1]

Artikel 15.

Die Vorschriften dieses Übereinkommens werden in jedem Vertragsstaate zur Anwendung gebracht, wenn einer der Beteiligten einem anderen Vertragsstaat angehört; sie kommen ferner in den durch die Landesgesetze bestimmten Fällen zur Anwendung.

Der im Abs. 1 aufgestellte Grundsatz läßt jedoch das Recht der Vertragsstaaten unberührt, die Anwendung der Vorschriften dieses Übereinkommens zugunsten der Angehörigen solcher Staaten auszuschließen, die dem Übereinkommen nicht beigetreten sind.

---

[1]) In diesem Artikel sollen die Vorschriften über die Ansprüche wegen Tötung oder Körperverletzung Aufnahme finden, mag nun in dem Übereinkommen nur die beschränkte Haftung für Sachschäden oder auch die für Personenschäden geregelt werden. Die Brüsseler Grundzüge von 1909, die vom erstbezeichneten Standpunkt ausgehen, bestimmen:

> Dieses Übereinkommen findet keine Anwendung auf Entschädigungsansprüche für den Verlust von Menschenleben oder für Körperverletzungen; diese Ansprüche werden auch fernerhin ausschließlich nach den Landesgesetzen beurteilt.

Folgende Fassung ist als der Auffassung verschiedener Delegationen entsprechend vorgeschlagen worden:

> Sind durch einen Unfall, der auf ein Verschulden des Kapitäns, der Offiziere oder der Mannschaft oder irgend einer anderen im Dienste des Schiffes stehenden Person zurückzuführen ist, Verluste von Menschenleben oder Körperverletzungen verursacht worden, so haftet der Eigentümer des Schiffes den Verunglückten oder sonst Berechtigten über die im Artikel 1 vorgesehene Haftgrenze hinaus bis zu dem Betrage von 7 Pfund Sterling für die Tonne des Bruttoraumgehalts des Schiffes; genügt diese Summe nicht, um die Schadensersatzansprüche der Verunglückten oder der sonst Berechtigten zu erfüllen, so treten diese Ansprüche für den Rest hinsichtlich des Wertes des Schiffes und gegebenenfalls hinsichtlich der im letzten Absatze des Artikel 1 (richtiger: im Art. 6) bezeichneten 8 Pfund Sterling in Konkurrenz mit den anderen Gläubigern.
>
> Die Haftung des Schiffseigentümers gegenüber den im Dienste des Schiffes stehenden Personen und die Entschädigungen, die ihnen in den vorerwähnten Fällen geschuldet werden, bestimmen sich nach den Landesgesetzen.

(Anmerkung der Brüsseler Konferenz.)

Article 16.

La présente convention est sans application aux navires de guerre et aux navires d'Etat exclusivement affectés à un service public.

Article 17.

Rien, dans les dispositions qui précèdent, ne porte atteinte a la compétence des tribunaux, à la procédure et aux voies d'exécution organisées par les lois nationales.

AVANT-PROJET DE CONVENTION

pour

l'unification de certaines règles sur la limitation de la responsabilité des propriétaires de navires de mer.

AVANT-PROJET B

Article Premier.

Le propriétaire d'un navire n'est responsable que jusqu'à concurrence de la valeur du navire, du fret et des accessoires du navire et du fret:

1° Des indemnités dues à des tiers à raison de dommages causés sur terre ou sur l'eau, par les faits et fautes du capitaine, de l'équipage, du pilote, ou de toute autre personne au service du navire;

2° Des indemnités dues à raison de dommages causés à la cargaison remise au capitaine pour être transportée, ou à raison de dommages causés à tous biens et objets se trouvant à bord;

Artikel 16.

Dieses Übereinkommen findet auf Kriegsschiffe sowie auf Staatsschiffe, die ausschließlich für einen öffentlichen Dienst bestimmt sind, keine Anwendung.

Artikel 17.

Die Vorschriften der Landesgesetze, welche die Zuständigkeit der Gerichte, das Verfahren und die Zwangsvollstreckung regeln, werden durch die Bestimmungen dieses Übereinkommens nicht berührt.

Vorentwurf eines internationalen Übereinkommens

zur

einheitlichen Feststellung einzelner Regeln über die Beschränkung der Haftung der Eigentümer von Seeschiffen.

Vorentwurf B.

Artikel 1.

Der Schiffseigentümer haftet nur bis zum Betrage des Wertes des Schiffes, der Fracht und des Zubehörs von Schiff und Fracht:

1. für Ersatzansprüche Dritter wegen Schäden, die zu Lande oder zu Wasser durch Handlungen und Versehen des Kapitäns, der Schiffsoffiziere und der Schiffsmannschaft, des Lotsen oder einer anderen im Dienste des Schiffes stehenden Person verursacht sind;
2. für Ersatzansprüche wegen Beschädigung der dem Kapitän zur Beförderung übergebenen Ladung oder wegen Beschädigung der an Bord befindlichen Güter und Gegenstände;

3° Des obligations résultant des connaissements signés par le capitaine;

4° Des indemnités dues à raison d'une faute nautique dans l'exécution d'un contrat;

5° Des indemnités d'assistance et de sauvetage, dont l'obligation a été contractée sans son autorisation;

6° De la contribution aux avaries communes dues par le navire;

7° Des obligations résultant des contrats passés ou des opérations effectuées par le capitaine en vertu de ses pouvoirs légaux, en cas de nécessité, hors du port d'attache du navire, pour les besoins réels de la conservation du navire ou de la continuation du voyage.

Toutefois, dans aucun cas, cette responsabilité ne dépassera une somme totale de 8 liv. st. par tonne de jauge brute du navire, sans que cette limite puisse être invoquée dans les cas prévus aux alinéas 5, 6 et 7.

Article 2.

La valeur du navire, limite de la responsabilité du propriétaire, est établie par celui-ci. Elle est fixée comme suit:

a) en cas d'abordage ou d'autres accidents et envers tous créanciers pour dommages ou rémunération s'y rattachant, même en vertu d'un contrat: immédiatement après l'événement donnant naissance à la créance; les pertes ou dommages, survenus postérieurement à un sinistre et avant l'arrivée à un port sont, jusqu'à preuve du contraire, présumés se rattacher audit sinistre;

b) dans les cas non prévus à l'alinéa précédent, où un dommage est causé au chargement: au moment où ledit chargement est arrivé au port de destination ou au lieu où le voyage est rompu;

3. für Verbindlichkeiten aus den vom Kapitän gezeichneten Konnossementen;
4. für Schadensersatzansprüche aus einem nautischen Verschulden bei Ausführung eines Vertrags;
5. für die Vergütung für Hilfsleistung und Bergung, sofern die Verbindlichüeit ohne Ermächtigung des Schiffseigentümers eingegangen ist;
6. für die Beiträge des Schiffes zur großen Haverei;
7. für Ansprüche aus Verträgen oder Geschäften, die der Kapitän kraft seiner gesetzlichen Befugnisse in Notfällen außerhalb des Heimatshafens des Schiffes innerhalb der Grenzen des wirklichen Bedürfnisses zur Erhaltung des Schiffes oder zur Fortsetzung der Reise geschlossen oder vorgenommen hat.

Die bezeichnete Haftung übersteigt jedoch in keinem Falle eine Gesamtsumme von 8 Pfund Sterling auf die Tonne des Bruttoraumgehalts des Schiffes; indessen greift diese Beschränkung in den in Nr. 5, 6 und 7 vorgesehenen Fällen nicht Platz.

Artikel 2.

Der die Grenze der Haftung des Eigentümers bildende Schiffswert ist von diesem zu beweisen. Er wird wie folgt festgesetzt:

a) im Falle eines Zusammenstoßes oder anderer Unfälle, und zwar gegenüber allen hiermit zusammenhängenden Ansprüchen auf Schadensersatz oder Vergütung, auch wenn diese Ansprüche auf einem Vertrage beruhen: unmittelbar nach dem Ereignis, aus dem der Anspruch entstanden ist; bis zum Beweise des Gegenteils wird angenommen, daß Verluste und Schäden, die nach einem Unfall, aber vor der Ankunft im nächsten Hafen entstanden sind, auf diesen Unfall zurückzuführen sind;

b) in Fällen, in denen es sich um Ladungsschäden handelt, die nicht unter den vorhergehenden Absatz fallen: in dem Zeitpunkt, in welchem die beschädigte Ladung im Bestimmungshafen oder an dem Orte ankommt, wo die Reise abgebrochen wird;

c) dans tous les autres cas visés à l'article 1er: à la fin du voyage.

Article 3.

Les diverses créances se rattachant à un même accident ou devant recevoir leur exécution dans un même port concourent entre elles sur la somme formant la limite de la responsabilité du propriétaire.

Article 4.

Le fret visé à l'article 1er comprend:

a) Le fret brut payé ou dû au propriétaire à raison des marchandises se trouvant à bord au moment où la responsabilité a pris naissance;

b) Le prix de passage payé ou dû à raison du transport des passagers embarqués à ce moment;

c) Dans le cas d'un navire, objet d'un affrètement ou d'un louage total et à temps *(time charter)*, le fret ou loyer stipulé dans le contrat pour la période de temps écoulé depuis l'embarquement de la cargaison ou des passagers embarqués au moment de l'événement jusqu'à leur débarquement.

Article 5.

Par les accessoires visés à l'article 1er, on entend les sommes ci-après énumérées, payées ou dues au propriétaire depuis le moment où le navire a été mis à la disposition des intéressés, prêt à recevoir les marchandises ou les passagers, jusqu'au moment où la créance a pris naissance:

1° Les surestaries;

2° Les indemnités payées ou dues au propriétaire à raison de dommages matériels subis par le navire et non réparés ou pour pertes de fret;

c) in allen anderen im Artikel 1 vorgesehenen Fällen: bei Beendigung der Reise.

Artikel 3.

Die verschiedenen Forderungen, die sich auf dasselbe Ereignis beziehen oder die in demselben Hafen erfüllt werden müssen, sind an der Summe, auf welche die Haftung des Schiffseigentümers beschränkt ist, nebeneinander beteiligt.

Artikel 4.

Die Fracht im Sinne des Artikel 1 umfaßt:

a) die dem Schiffseigentümer gezahlte oder geschuldete Bruttofracht für die Waren, die sich in dem Zeitpunkt an Bord befanden, in welchem die Verbindlichkeit entstanden ist;

b) das gezahlte oder geschuldete Überfahrtsgeld für die Reisenden, die in diesem Zeitpunkt eingeschifft waren;

c) in dem Falle einer Verfrachtung oder Vermietung des Schiffes im Ganzen und auf Zeit (time charter) die in dem Vertrage bedungene Fracht oder Miete für den Zeitraum von der Einschiffung der beim Eintritte des Ereignisses an Bord befindlichen Güter oder Reisenden bis zu deren Ausschiffung.

Artikel 5.

Zubehör im Sinne des Artikel 1 sind die nachstehend aufgeführten Beträge, soweit sie für die Zeit seit dem Augenblick, wo das Schiff zur Aufnahme der Ladung oder der Reisenden bereit war und den Beteiligten zur Verfügung gestellt worden ist, bis zu dem Zeitpunkte der Entstehung der Forderung zu entrichten sind, mögen sie dem Schiffseigentümer schon gezahlt worden sein oder noch geschuldet werden:

1. die Liegegelder;
2. die Schadensersatzbeträge, die dem Schiffseigentümer für einen Sachschaden, der dem Schiffe zugestoßen und noch nicht ausgebessert ist, oder für Frachtverlust gezahlt worden sind oder geschuldet werden;

3° Les indemnités payées ou dues au propriétaire pour avaries communes, en tant que celles-ci constituent soit des dommages matériels subis par le navire et non réparés, soit des pertes de fret;

4° Les sommes payées ou dues au propriétaire du navire pour assistance ou sauvetage, déduction faite des sommes allouées au capitaine et autres personnes au service du navire.

Ne sont pas considérés comme des accessoires du navire ou du fret les indemnités payées ou dues en vertu de contrats d'assurance non plus que les primes, subventions ou autres subsides nationaux.

Article 6.

Les dispositions précédentes ne portent pas atteinte au droit des créanciers de saisir le navire.

La garantie donnée pour obtenir mainlevée de la saisie est acquise au créancier saisissant dans les termes dans lesquels elle a été donnée, et ne sera ni modifiée par les événements ultérieurs, ni invoquée pour restreindre les droits d'autres créanciers.

Article 7.

Les dispositions précédentes s'appliquent à l'obligation d'enlever l'épave du navire coulé et aux responsabilités s'y rattachant.

Elles ne s'appliquent pas aux obligations dérivant de fautes du propriétaire. Si le propriétaire ou le co-propriétaire du navire est en même temps le capitaine, il ne peut invoquer la limitation de sa responsabilité pour ses fautes autres que ses fautes nautiques et les fautes des personnes au service du navire.

Enfin, les dispositions des n°s 3° et 7° de l'article 1er ne sont pas applicables si le propriétaire a autorisé ou ratifié les contrats dont s'agit dans ces dispositions.

3. die dem Eigentümer gezahlte oder geschuldete Vergütung für große Haverei, mag die Haverei in einem Sachschaden, der dem Schiffe zugefügt und noch nicht ausgebessert ist, oder in Frachtverlust bestehen;
4. die dem Eigentümer für Hilfsleistung oder Bergung geschuldeten oder gezahlten Beträge, unter Abzug der Summen, die dem Kapitän und den anderen im Dienste des Schiffes stehenden Personen zukommen.

Als Zubehör des Schiffes oder der Fracht gelten nicht die auf Grund eines Versicherungsvertrags gezahlten oder geschuldeten Vergütungen sowie die Prämien, Subventionen und anderen Staatsunterstützungen.

Artikel 6.

Das Recht der Gläubiger, das Schiff mit Beschlag zu belegen, wird durch die vorstehenden Bestimmungen nicht berührt.

Die Sicherheit, die zur Erwirkung der Aufhebung des Arrestes geleistet worden ist, steht dem beschlagnehmenden Gläubiger unter den Bedingungen zu, unter denen sie gegeben ist; sie wird durch spätere Ereignisse nicht berührt und kann nicht zum Nachteil anderer Gläubiger geltend gemacht werden.

Artikel 7.

Die vorstehenden Bestimmungen finden Anwendung auf die Verpflichtung, das Wrack eines gesunkenen Schiffes zu beseitigen und auf die damit zusammenhängenden Verbindlichkeiten.

Sie finden keine Anwendung auf Verbindlichkeiten, die aus einem Verschulden des Eigentümers herrühren. Ist der Eigentümer oder Miteigentümer des Schiffes zugleich Kapitän, so kann er sich nur für sein nautisches Verschulden und das Verschulden der im Dienste des Schiffes stehenden Personen auf die Beschränkung seiner Haftung berufen.

Die Bestimmungen des Artikel 1 Nr. 3 und 7 finden keine Anwendung, wenn der Eigentümer zu den Verträgen, um die es sich in diesen Vorschriften handelt, Vollmacht erteilt oder wenn er sie genehmigt hat.

Article 8.

En cas d'action ou poursuites exercées contre le propriétaire du navire pour une des causes énoncées à l'article 1er, le tribunal du lieu où ces actions ou poursuites sont exercées ordonnera, s'il y a lieu, et sur simple requête, qu'il sera sursis aux poursuites sur les biens du débiteur situés à terre, pendant le temps suffisant pour permettre à celui-ci de réaliser le navire et d'en opérer la liquidation entre les créanciers.

Article 9.

Dans tous les cas, le propriétaire est tenu sans limitation des obligations résultant de l'engagement des gens de mer et autres personnes au service du navire.

Article 10.

Les dispositions de la présente convention profitent à l'armateur qui n'a pas la propriété du navire ou, en cas de sous-affrètement, à l'affréteur principal comme au propriétaire lui-même.

Article 11.

(Dommages corporels et vies humaines) [1].

---

(1) Dans cet article figureront les dispositions relatives aux actions pour mort ou blessures, soit que l'on restreigne le traité aux dommages matériels, soit que l'on règle la limitation quant aux dommages corporels.

Le texte des bases de Bruxelles, rédigé en vue de la première hypothèse, est conçu comme suit:

«La présente convention est sans application aux réclamations pour pertes de vies humaines ou dommages corporels, lesquels continuent à être régis exclusivement par les lois nationales.»

La formule suivante a été proposée comme répondant aux vues de diverses Délégations:

«Lorsqu'un accident dû à la faute du capitaine, de l'équipage ou de toute autre personne au service du navire a entrainé mort d'hommes ou blessures corporelles, le propriétaire du navire est, vis-à-vis des victimes ou ayants cause, tenu, au delà de la limite de responsabilité prévue à l'article 1er jusqu'à con-

Artikel 8.

Werden gegen den Schiffseigentümer Ansprüche der im Artikel 1 bezeichneten Art eingeklagt oder sonst gerichtlich verfolgt, so hat das Gericht des Ortes, wo die Klagerhebung oder Rechtsverfolgung stattfindet, gegebenenfalls auf einfachen Antrag anzuordnen, daß der Zugriff auf das Landvermögen des Schuldners während eines Zeitraums aufgeschoben wird, der genügt, um ihm die Verwertung des Schiffes und die Verteilung des Erlöses unter die Gläubiger zu ermöglichen.

Artikel 9.

In allen Fällen haftet der Eigentümer unbeschränkt für die Ansprüche aus der Anstellung der Schiffsmannschaft und der sonstigen im Dienste des Schiffes stehenden Personen.

Artikel 10.

Die Vorschriften dieses Übereinkommens finden zu Gunsten des Ausrüsters, der nicht Eigentümer des Schiffes ist, oder im Falle der Unterverfrachtung zu Gunsten des Unterverfrachters in der gleichen Weise wie zu Gunsten des Eigentümers selbst Anwendung.

Artikel 11.

(Körperverletzung und Verlust von Menschenleben).[1])

---

[1]) In diesem Artikel sollen die Vorschriften über die Ansprüche wegen Tötung oder Körperverletzung Aufnahme finden, mag nun in dem Übereinkommen nur die beschränkte Haftung für Sachschäden oder auch die für Personenschäden geregelt werden. Die Brüsseler Grundzüge von 1909, die vom erstbezeichneten Standpunkt ausgehen, bestimmen:

> Dieses Übereinkommen findet keine Anwendung auf Entschädigungsansprüche für den Verlust von Menschenleben oder für Körperverletzungen; diese Ansprüche werden auch fernerhin ausschließlich nach den Landesgesetzen beurteilt.

Folgende Fassung ist als der Auffassung verschiedener Delegationen entsprechend vorgeschlagen worden:

> Sind durch einen Unfall, der auf ein Verschulden des Kapitäns, der Offiziere oder der Mannschaft oder irgend einer anderen im Dienste des Schiffes stehenden Person zurückzuführen ist, Verluste von Menschenleben oder Körperverletzungen verursacht worden, so haftet der Eigen-

Article 12.

Les dispositions de la présente convention seront appliquées dans chaque Etat contractant lorsque l'une des parties intéressées est ressortissante d'un autre Etat contractant ainsi que dans les autres cas prévus par les lois nationales.

Toutefois, le principe formulé dans l'alinéa précédent ne porte pas atteinte au droit des Etats contractants de ne pas appliquer les dispositions de la présente convention en faveur des ressortissants d'un Etat non contractant.

Article 13.

La présente convention est sans application aux navires de guerre et aux navires d'Etat exclusivement affectés à un service public.

Article 14.

Rien, dans les dispositions qui précèdent, ne porte atteinte à la compétence des tribunaux, à la procédure et aux voies d'exécution organisées par les lois nationales.

---

currence de 7 liv. st. par tonne de jauge brute du navire; si cette somme ne suffit pas à faire face aux indemnités dues auxdites victimes ou ayants cause, celles-ci viennent pour le surplus sur la valeur du navire ou le cas échéant sur les 8 liv. st. prevues à l'article 1er, dernier alinéa, en concours avec les autres créanciers.

«La responsabilité du propriétaire de navire vis-à-vis des personnes au service du navire et le règlement des indemnités qui peuvent leur être dues en pareil cas, sont régis par la loi nationale du navire.»

Artikel 12.

Die Vorschriften dieses Übereinkommens werden in jedem Vertragsstaate zur Anwendung gebracht, wenn einer der Beteiligten einem anderen Vertragsstaat angehört; sie kommen ferner in den durch die Landesgesetze bestimmten Fällen zur Anwendung.

Der im Abs. 1 aufgestellte Grundsatz läßt jedoch das Recht der Vertragsstaaten unberührt, die Anwendung der Vorschriften dieses Übereinkommens zu Gunsten der Angehörigen solcher Staaten auszuschließen, die dem Übereinkommen nicht beigetreten sind.

Artikel 13.

Dieses Übereinkommen findet auf Kriegsschiffe sowie auf Staatsschiffe, die ausschließlich für einen öffentlichen Dienst bestimmt sind, keine Anwendung.

Artikel 14.

Die Vorschriften der Landesgesetze, welche die Zuständigkeit der Gerichte, das Verfahren und die Zwangsvollstreckung regeln, werden durch die Bestimmungen dieses Übereinkommens nicht berührt.

---

tümer des Schiffes den Verunglückten oder sonst Berechtigten über die im Artikel 1 vorgesehene Haftgrenze hinaus bis zu dem Betrage von 7 Pfund Sterling für die Tonne des Bruttoraumgehalts des Schiffes; genügt diese Summe nicht, um die Schadensersatzansprüche der Verunglückten oder der sonst Berechtigten zu erfüllen, so treten diese Ansprüche für den Rest hinsichtlich des Wertes des Schiffes und gegebenenfalls hinsichtlich der im letzten Absatze des Artikel 1 bezeichneten 8 Pfund Sterling in Konkurrenz mit den anderen Gläubigern.

Die Haftung des Schiffseigentümers gegenüber den im Dienste des Schiffes stehenden Personen und die Entschädigungen, die ihnen in den vorerwähnten Fällen geschuldet werden, bestimmen sich nach den Landesgesetzen.

(Anmerkung der Brüsseler Konferenz.)

AVANT-PROJET DE CONVENTION INTERNATIONALE

pour

l'unification de certaines règles relatives aux hypothèques et aux privilèges maritimes.

Article premier.

Les hypothèques, mortgages, gages sur navires régulièrement établis d'après les lois de l'État contractant auquel le navire est ressortissant, et inscrits dans un registre public soit du ressort du port d'enregistrement, soit d'un office central seront respectés dans tous les autres pays contractants et y produiront le même effet que dans le pays dont le navire porte le pavillon (1).

Article 2.

Les créances privilégiées priment toutes les autres créances, y compris celles garanties par les droits réels visés à l'article précédent.

---

(1) Certaines objections ont été faites à la dernière partie de cette disposition. Il a été reconnu que nonobstant le respect des hypothèques, conformément à la loi du pavillon, quant à leur validité et à leurs effets: 1° les questions de procédure; 2° les droits souverains en cas de contrebande de guerre, prises, etc., ne sont pas touchés par les dispositions.

Vorentwurf eines internationalen Übereinkommens

zur

einheitlichen Feststellung einzelner Regeln über Hypotheken und Privilegien an Seeschiffen.

Artikel 1.

Die Hypotheken und Pfandrechte an Schiffen, die ordnungsmäßig nach dem Rechte des Vertragsstaats, dem das Schiff angehört, begründet und in einem öffentlichen Register, sei es der für den Registerhafen des Schiffes zuständigen Behörde, sei es eines Zentralregisteramts, eingetragen sind, werden in allen anderen Vertragsstaaten anerkannt und haben dort die gleiche Wirkung wie in dem Lande, dessen Flagge das Schiff führt.[1])

Artikel 2.

Die privilegierten Forderungen gehen allen anderen Forderungen vor, auch denjenigen, welche durch die im vorhergehenden Artikel bezeichneten dinglichen Rechte gesichert sind.

---

[1]) Gewisse Einwendungen sind gegen den letzten Teil dieser Vorschrift erhoben. Es ist anerkannt, daß, ungeachtet der Beurteilung der Gültigkeit und der Wirkungen der Hypotheken nach dem Rechte der Flagge, 1. die Fragen des Verfahrens, 2. die Souveränitätsrechte in den Fällen der Kriegskonterbande, der Prisen usw. durch die Bestimmungen nicht berührt werden. (Anmerkung der Brüsseler Konferenz.)

Article 3.

Sont seuls privilégiés, sur le navire, le fret et les accessoires du navire et du fret afférents au voyage pendant lequel est née la créance privilégiée:

1° Les frais de justice dus à l'Etat et les dépens encourus dans l'intérêt commun des créanciers, pour la conservation du navire ou pour parvenir à la vente et à la distribution de son prix; les droits de tonnage, de phare ou de port et les autres taxes et impôts publics de même espèce; les frais de pilotage; les frais de garde et de conservation depuis l'entrée du navire dans le dernier port (2);

2° Les créances résultant du contrat d'engagement du capitaine, de l'équipage et des autres personnes embarquées au service du navire;

3° Les indemnités dues pour sauvetage et assistance et la contribution du navire aux avaries communes;

4° Les créances provenant de contrats passés ou d'opérations effectuées par le capitaine, en cas de nécessité, hors du port d'attache, pour les besoins réels de la conservation du navire ou de la continuation du voyage, que le capitaine soit ou non en même temps propriétaire du navire et que la créance soit la sienne ou celle des fournisseurs, réparateurs, prêteurs ou autres contractants;

5° Les indemnités dues, à raison d'un abordage ou de tout autre accident résultant de la faute d'une personne au service du navire, soit aux passagers ou ayants cause en cas de mort ou blessures, soit à un autre navire, à sa cargaison, à son personnel ou à ses passagers; les indemnités

---

(2) Le Protocole de clôture contiendrait la disposition suivante: Il est entendu que la législation de chaque Etat reste libre d'établir parmi les créances visées au 1° de l'article 3 un ordre déterminé, inspiré par le souci des intérêts du Trésor, ainsi que d'accorder aux autorités de l'Etat ou à d'autres autorités publiques qui ont fait enlever une épave ou d'autres objets gênant la navigation, le droit de vendre ces objets et de s'indemniser sur le prix de la vente, des frais de l'enlèvement par préférence à d'autres créanciers.

Artikel 3.

Ein Privileg an dem Schiffe, an der Fracht der Reise, während welcher die privilegierte Forderung entstanden ist, und an dem auf diese Reise sich beziehenden Zubehöre von Schiff und Fracht haben nur:

1. die dem Staate zu zahlenden Gerichtskosten und die Aufwendungen, die im gemeinsamen Interesse der Gläubiger gemacht worden sind, um das Schiff zu erhalten oder um seinen Verkauf und die Verteilung des Erlöses durchzuführen; die Tonnen-, Leuchtfeuer- oder Hafengelder und andere öffentliche Gebühren und Auflagen gleicher Art; die Lotsengelder; die Kosten der Bewachung und Erhaltung seit der Einbringung des Schiffes in den letzten Hafen;
2. die Forderungen aus dem Dienstvertrage des Kapitäns, der Schiffsoffiziere, der Schiffsmannschaft oder anderer im Dienste des Schiffes eingeschiffter Personen;
3. die Vergütung für Bergung und Hilfsleistung und der Beitrag des Schiffes zur großen Haverei;
4. die Ansprüche aus Verträgen oder Geschäften, die der Kapitän in Notfällen außerhalb des Heimatshafens innerhalb der Grenzen des wirklichen Bedürfnisses zur Erhaltung des Schiffes oder zur Fortsetzung der Reise geschlossen oder vorgenommen hat, ohne Unterschied, ob der Kapitän gleichzeitig Eigentümer des Schiffes ist oder nicht, und ob der Anspruch ihm zusteht oder denen, welche die Lieferung oder Ausbesserung bewirkt, das Darlehn gegeben oder einen sonstigen Vertrag geschlossen haben;
5. die Entschädigungen, die infolge eines Zusammenstoßes oder eines anderen Ereignisses, das durch ein Verschulden einer im Dienste des Schiffes stehenden Person verursacht ist, entweder wegen Tötung oder Körperverletzung von Reisenden diesen oder den sonst Berechtigten zu leisten oder einem anderen

dues pour la réparation des dommages causés à des ouvrages d'art.

Il n'est pas porté atteinte aux dispositions des lois nationales des Etats contractants qui accorderaient un privilège aux établissements publics d'assurance pour les créances résultant de l'assurance du personnel des navires.

Article 4.

Si les créances privilégiées se rapportent à un même voyage, leur rang se règle conformément à l'énumeration donnée à l'article 3. Les créances figurant dans un même numéro viennent en concurrence et au marc le franc en cas d'insuffisance du prix.

Les créances visées aux numéros 3° et 4° viennent, dans chacune de ces catégories, en sens inverse de l'ordre des dates où elles sont nées. Si ces créances se rattachent au même cas de nécessité, elles sont réputées nées en même temps.

Article 5.

Si les créances privilégiées ne se rapportent pas au même voyage, celles qui se réfèrent au dernier voyage viennent avant celles qui se réfèrent au voyage précédent.

Toutefois, les créances résultant du contrat d'engagement pour un voyage antérieur, restent privilégiées comme celles du dernier voyage, si le contrat d'engagement est le même.

Schiffe, seiner Ladung, seiner Besatzung oder seinen Reisenden zu entrichten sind.[1])

Unberührt bleiben die Vorschriften der Landesgesetze der Vertragsstaaten, die den öffentlichen Versicherungsanstalten ein Privileg für die Forderungen einräumen, die aus der Versicherung der Besatzung der Schiffe erwachsen.

Artikel 4.

Wenn die privilegierten Forderungen dieselbe Reise betreffen, so richtet sich ihr Rang nach der Reihenfolge der Aufzählung im Artikel 3. Die unter derselben Nummer dieses Artikels aufgeführten Ansprüche sind gleichberechtigt und kommen, wenn die Masse nicht ausreicht, im Verhältnis ihrer Beträge in Ansatz.

Die im Artikel 3 Nr. 3 und 4 aufgeführten Ansprüche kommen in jeder dieser Klassen in der umgekehrten Reihenfolge ihrer Entstehungszeit zur Hebung. Sind solche Forderungen aus Anlaß desselben Notfalls entstanden, so werden sie als gleichzeitig entstanden angesehen.

Artikel 5.

Betreffen die privilegierten Forderungen nicht dieselbe Reise, so gehen die Forderungen, die sich auf die letzte Reise beziehen, denjenigen vor, welche sich auf die frühere Reise beziehen.

Jedoch bleiben die aus einem Dienstvertrage herrührenden Forderungen einer früheren Reise ebenso privilegiert wie diejenigen der letzten Reise, vorausgesetzt, daß der Dienstvertrag derselbe ist.

---

[1]) Das Schlussprotokoll soll die folgende Vorschrift enthalten:

Es besteht Einverständnis darüber, daß es der Gesetzgebung jedes Staates unbenommen bleibt, für die in der Nr. 1 des Artikel 3 bezeichneten Forderungen in ihrem Verhältnisse zu einander zur Wahrung der fiskalischen Interessen eine bestimmte Rangordnung aufzustellen sowie den Behörden des Staates oder anderen öffentlichen Behörden, die ein Wrack oder andere die Schiffahrt beeinträchtigende Gegenstände haben beseitigen lassen, das Recht einzuräumen, diese Gegenstände zu verkaufen und sich für die Kosten der Beseitigung vorzugsweise vor anderen Gläubigern aus dem Kaufpreise zu befriedigen.

Article 6.

Les privilèges s'éteignent, outre les autres cas prévus par les lois nationales:

1° Par l'expiration du délai d'un an à dater de l'exigibilité de la créance, sans que pour les créances visées au 4° de l'article 3 le délai puisse dépasser deux ans à partir de la naissance de la créance.

Toutefois le délai court, pour les privilèges garantissant les indemnités d'assistance et de sauvetage, à partir du jour où les opérations sont terminées et pour le privilège garantissant l'indemnité d'abordage et les autres indemnités visées au 5° de l'article 3, du jour où le sinistre a eu lieu.

2° Par la vente du navire en justice.

Article 7.

Le privilège sur le fret peut être exercé tant que le fret est encore dû ou que le montant du fret se trouve encore entre les mains du capitaine ou de l'agent du propriétaire. Il en est de même du privilège sur les accessoires.

Article 8.

Les privilèges établis par les dispositions qui précèdent ne sont soumis à aucune formalité, ni à aucune condition spéciale de preuve.

Cette disposition ne porte pas atteinte au droit de chaque Etat de maintenir dans sa législation des dispositions exigeant du capitaine l'accomplissement de formalités spéciales soit pour certains emprunts sur le navire, soit pour la vente de la cargaison.

Article 9.

Les dispositions qui précèdent sont applicables aux navires gérés ou employés par d'autres que leur propriétaire,

Artikel 6.

Die Privilegien erlöschen, abgesehen von den in den Landesgesetzen vorgesehenen Fällen:

1. durch den Ablauf einer einjährigen Frist, von der Klagbarkeit der Forderung an gerechnet, mit der Maßgabe, daß für die im Artikel 3 Nr. 4 bezeichneten Forderungen die Frist zwei Jahre von der Entstehung der Forderung an nicht überschreiten kann.
   Jedoch läuft die Frist bei den Privilegien für den Hilfs- und Bergelohn von dem Tage an, wo die Rettungsdienste beendigt worden sind, und bei den Privilegien für die Schadensersatzansprüche aus einem Zusammenstoß und für die anderen im Artikel 3 Nr. 5 bezeichneten Schadensersatzansprüche von dem Tage an, wo sich der Unfall ereignet hat.
2. durch den gerichtlichen Verkauf des Schiffes.

Artikel 7.

Das Privileg an der Fracht kann ausgeübt werden, solange die Fracht noch aussteht oder die Frachtgelder sich noch in den Händen des Schiffers oder des Agenten des Schiffseigentümers befinden. Entsprechendes gilt von dem Privileg an dem Zubehör.

Artikel 8.

Die in den vorhergehenden Bestimmungen vorgesehenen Privilegien sind weder einer Form noch einer besonderen Beweisregel unterworfen.

Diese Vorschrift läßt das Recht jedes Staates unberührt, in seiner Gesetzgebung Bestimmungen aufrecht zu erhalten, die vom Kapitän die Erfüllung besonderer Förmlichkeiten, sei es für gewisse Darlehnsaufnahmen auf das Schiff, sei es für den Verkauf der Ladung, erfordern.

Artikel 9.

Die vorstehenden Bestimmungen sind auch auf Schiffe anwendbar, die durch andere als ihre Eigentümer in Betrieb gehalten oder verwendet werden, es sei denn, daß dem Eigentümer der Besitz durch eine unerlaubte Handlung

sauf lorsque le propriétaire s'est trouvé dessaisi par un acte illicite et quand, en outre, le créancier n'est pas de bonne foi.

Article 10.

Les accessoires du navire et du fret, visés à l'article 3, comprennent:

1° Les indemnités dues au propriétaire à raison de dommages matériels subis par le navire et non réparés ou pour pertes de fret;

2° Les indemnités dues au proprietaire pour avaries communes, en tant que celles-ci constituent, soit des dommages matériels subis par le navire et non réparés, soit des pertes de fret:

3° Les sommes dues au propriétaire pour assistance ou sauvetage, déduction faite des sommes allouées au capitaine et autres personnes au service du navire.

Ne sont pas considérés comme accessoires du navire ou du fret les indemnités dues au propriétaire en vertu de contrats d'assurance, non plus que les primes, subventions ou autres subsides nationaux.

Par dérogation à l'article 3, alinéa 1er, le privilège prévu au profit des personnes au service du navire porte sur l'ensemble des frets dus pour tous les voyages effectués pendant le cours du même contrat d'engagement.

Article 11.

Les dispositions de la présente Convention seront appliquées dans chaque Etat contractant lorsque l'une des parties intéressées est ressortissante d'un autre Etat contractant, ainsi que dans les autres cas prévus par les lois nationales.

entzogen worden und der Gläubiger nicht in gutem Glauben ist.

Artikel 10.

Das Zubehör von Schiff und Fracht im Sinne des Artikel 3 umfaßt:

1. die Schadensersatzbeträge, die dem Schiffseigentümer für einen Sachschaden, der dem Schiffe zugestoßen und noch nicht ausgebessert ist, oder für Frachtverlust geschuldet werden;
2. die dem Schiffseigentümer geschuldete Vergütung für große Haverei, mag die Haverei in einem Sachschaden, der dem Schiffe zugestoßen und noch nicht ausgebessert ist, oder in Frachtverlust bestehen;
3. die dem Eigentümer des Schiffes für Hilfsleistung oder Bergung geschuldeten Beträge unter Abzug der Summen, die dem Kapitän und den anderen im Dienste des Schiffes stehenden Personen zukommen.

Als Zubehör von Schiff oder Fracht gelten nicht die auf Grund eines Versicherungsvertrags geschuldeten Beträge sowie die Prämien, Subventionen und anderen Staatsunterstützungen.

In Abänderung des Artikel 3 Abs. 1 erstreckt sich das Privileg der im Dienste des Schiffes stehenden Personen auf die Fracht aller Reisen, die während desselben Anstellungsvertrags ausgeführt worden sind.

Artikel 11.

Die Vorschriften des gegenwärtigen Übereinkommens werden in jedem Vertragsstaate zur Anwendung gebracht, wenn einer der Beteiligten einem anderen Vertragsstaat angehört; sie kommen ferner in den durch die Landesgesetze bestimmten Fällen zur Anwendung.

Toutefois, le principe formulé dans l'alinéa précédent ne porte pas atteinte au droit des Etats contractants de ne pas appliquer les dispositions de la présente convention en faveur des ressortissants d'un Etat non contractant.

Article 12.

La présente Convention est sans application aux navires d'Etat.

Der im Abs. 1 aufgestellte Grundsatz läßt jedoch das Recht der Vertragsstaaten unberührt, die Anwendung der Vorschriften des gegenwärtigen Übereinkommens zu Gunsten der Angehörigen solcher Staaten auszuschließen, die dem Übereinkommen nicht beigetreten sind.

Artikel 12.

Das gegenwärtige Übereinkommen findet auf Staatsschiffe keine Anwendung.

Druck von Otto Walter, Berlin S. 14
Kommandantenstr. 44a.

Kolibri 360 GmbH
Ferdinand-Jühlke-Straße 7
99095 Erfurt, Deutschland
produktsicherheit@kolibri360.de